Berenice Pardo Santana

Juegos y cuentos tradicionales para hacer TEATRO con niños

EDITORIAL
PAX MÉXICO

COORDINACIÓN EDITORIAL: Matilde Schoenfeld
PORTADA: Víctor M. Santos Gally
ILUSTRACIÓN DE PORTADA: Beatriz Saldaña Pelaez
ILUSTRACIONES: Laura García Renart

© 2005 Editorial Pax México, Librería Carlos Cesarman, S.A.
      Av. Cuauhtémoc 1430
      Col. Santa Cruz Atoyac
      México, D.F. 03310
      Teléfono: 5605 7677
      Fax: 5605 7600
      editorialpax@editorialpax.com
      www.editorialpax.com

Primera edición
ISBN 978-968-860-723-7
Reservados todos los derechos
Impreso en México / *Printed in Mexico*

Índice

Presentación . . . . *vii*
Introducción . . . . *ix*

CAPÍTULO 1: CULTURA Y EDUCACIÓN ARTÍSTICA 1
Cultura y tradición oral popular 1
Creatividad e imaginación 2
Expresión artística 3

CAPÍTULO 2: DINÁMICAS DEL TEATRO INFANTIL 7
Dinámicas del teatro infantil 7
Relajación 8
Integración y desinhibición 11
Los sentidos 14
Imagen corporal 18
Ritmo corporal 23
Respiración 24
Vocalización 26

CAPÍTULO 3: TÉCNICAS DE CREACIÓN DRAMÁTICA . . . 31
Dramatización infantil 31
Personajes 31
Conflicto 33
Espacio 35
Tiempo 37
Argumento 39

CAPÍTULO 4: PRODUCCIÓN DE RECURSOS ESCÉNICOS . 41
 Creación plástica para la escena 41
 Escenografía 42
 Utilería 44
 Vestuario 45
 Maquillaje y máscaras 46
 Sonorización y musicalización 48
 Iluminación 51
 Técnicas del teatro de muñecos 51

CAPÍTULO 5: ¡VAMOS A HACER TEATRO CON JUEGOS
   LÍRICOS DE LA TRADICIÓN ORAL MEXICANA! . 55
 ¡A jugar se ha dicho! 55
 Cantos 56
 Rondas 63
 Diálogos 68
 Palmadas 78
 Para corretear 84
 Otros 90

CAPÍTULO 6: ¡VAMOS A HACER TEATRO CON
 NARRATIVA Y VERSIFICACIÓN DE LA TRADICIÓN
 ORAL MEXICANA! 95
 ¿Me cuentas un cuento...? 95
 Cuento 97
 Leyenda 103
 Anécdota 109
 Mentiras 115
 Trabalenguas 119
 Versos y coplas 125
 Refranes 129
 Adivinanzas 133

Bibliografía *139*

*A los instructores comunitarios
del Consejo Nacional de Fomento Educativo.*

*A Juan Cervera, autor español
en quien basé varios aspectos de este texto.*

*A la doctora Román Calvo,
quien confió en dar a la luz esta publicación.*

*Al doctor Armando Partida,
quien me guió por el camino indicado.*

*A Cristina, Javier, Aleks, Jonathan
y el resto de mi familia.*

A mis amigos.

Presentación

Berenice Pardo es una joven teatrera recién egresada de la Universidad, que ama al teatro, ama a su Patria y, por ende, ama las costumbres y tradiciones que se desarrollan en el país. En este libro nos brinda un rico material para hacer teatro con niños. No "para" niños, sino "con" niños. Piensa en los niños activos, no pasivos; en los niños actores, no espectadores y, sobre todo, en los niños creadores e imaginativos. Desde luego que este acervo será útil a las educadoras; y en ocasiones, a los padres de familia, pero también será fuente de placer para cualquier lector que lea este libro, pues al contemplar tan rica gama de canciones, que alguna vez cantamos, y tan diversos juegos, que alguna vez jugamos, no podrá menos que emocionarse con sus recuerdos. Gracias Berenice, por tan bella propuesta.

ROMÁN CALVO

Introducción

El teatro infantil es el que está hecho por niños. Es una experiencia en la que los pequeños salen de la rutina para sumergirse en un ambiente creativo y divertido, que estimulará sus capacidades expresivas y creadoras. Preparar una obra de teatro despierta la emoción de todos los participantes.

Cuando interpreta a sus personajes, el actor libera emociones y sentimientos, se mueve, respira, canta, hace coreografías y muchas cosas más. En el juego tradicional sucede algo parecido, como veremos a lo largo de este libro, por donde propongo usar la riqueza de la cultura popular como material dramático.

Este libro es un manual de teatro infantil con secuencia metodológica. Está conformado por dinámicas lúdicas, y tiene como objetivos que los niños vivan la experiencia de la dramatización, y que reconozcan los valores culturales de la tradición popular mexicana. Dejamos a un lado las estrategias convencionales del teatro escolar, pues lo importante no es aprobar o reprobar a los alumnos, sino que simplemente vamos a jugar, y aprender, a divertirnos y reconocernos como herederos de nuestras raíces.

Este libro se dirige a educadoras, profesores de primaria y educación especial, animadores comunitarios, talleristas de centros recreativos y culturales, instructores rurales, y cualquier otra persona que desee reunir un grupo de niños de su comunidad, escuela, albergue, hospital o casa hogar. Las edades convenientes de los niños serán de cuatro a 12 años y, aunque está pensado para mexicanos, puede ser útil para que niños de otras culturas y nacionalidades conozcan nuestro folklore.

Emplea una gran variedad de actividades y juegos como material para desarrollar el sentido artístico y llegar a la dramatización escénica, con la posibilidad de escoger las dinámicas más adecuadas según la edad y las condiciones físicas y psicológicas de los niños. El único requisito para el maestro es que se convierta en animador, guíe a los niños y no, imponga sus propios ideales, ya que los pequeños serán la estructura y el motor de la creación colectiva. Los materiales no resultarán un impedimento, ya que se propone el uso de cachivaches, de objetos reciclables o, simplemente, recursos de bajo costo.

Los niños de las ciudades actuales tienen un estilo de vida muy dinámico, debido a los adelantos tecnológicos y la comunicación masiva. Pocos juegan en grupo; sin embargo, en las escuelas urbanas todavía se les enseña a jugar a Doña Blanca o a las Cebollitas, y en algún pueblo todavía se practican juegos como el Milano o el Nagual. Además, tanto en la ciudad como en el campo se narran historias, cuentos, leyendas y anécdotas. Ello nos ayuda a vivir el sentido socioafectivo y experimentar emociones.

Todo el proceso tiene la meta de que los niños, sencillamente, se diviertan en grupo. El teatro es una puerta abierta a la imaginación y a la creatividad, y crea una energía singular al requerir y fomentar, la autoestima y el compañerismo.

capítulo 1

Cultura y educación artística

Cultura y tradición oral popular

Todos los rincones de nuestro planeta poseen valores culturales. Entendemos por cultura todo lo que estructura y organiza las costumbres y hábitos de una comunidad, formando la vida cotidiana de las sociedades.

La cultura se aprende al interactuar con nuestros familiares y vecinos: así compartimos, durante nuestra infancia, expresiones y costumbres que son transmitidas de generación en generación. A su vez, se van conformando los valores, las actitudes y la personalidad de los niños.

La cultura popular es la expresión de la sensibilidad del pueblo. es la base de la conformación social de una nación. Cada cultura posee sus propios temas populares, los cuales transmite por tradición oral.

La tradición oral es la memoria colectiva del pueblo. Recoger, retener en la memoria y transmitir oralmente relatos o versos necesita que el locutor emplee todo su talento. La tradición oral se narra para proporcionar entretenimiento, pero cumple importantes funciones educativas: expresa una moral y expone motivos de desprecio, admiración o rídiculo. A ella pertenecen los juegos líricos, la narrativa y la versificación tradicionales.

Los juegos tradicionales y la literatura oral pueden encontrar un lugar en la vida cotidiana, ya sea en la escuela o fuera de ella. Para lograrlo hace falta buscar formas nuevas y experimentales, de ponerlos a disposición de los niños. Hay que impulsar la creación y recreación de las culturas populares, para despertar atracción por los valores estéticos y la sensibilidad de nuestro pueblo. Nuestra tradición es realidad viva, fuente de gozo y fuerza para establecer lazos.

Creatividad e imaginación

Es fundamental reconocer que todos, sin excepción, tenemos potencial creativo. La educación artística tiene como objetivo desarrollar en el niño la capacidad de percibir la belleza y expresarla. La creatividad es expresión espontánea y natural.

La creatividad, relacionada directamente con el teatro infantil, tiene tres aportaciones al desarrollo integral de los niños:

- Desarrolla la percepción de los sentidos
- Origina facultades para actuar ingeniosamente en cualquier situación (sea problemática o no)
- Estimula la imaginación al evocar imágenes, sentimientos y estados de ánimo

La inagotable imaginación infantil permite a los niños crear cantidad de invenciones. La ficción desempeña un papel importante en el juego, en el cual los niños construyen un mundo en donde sus deseos se convierten en realidad: una caja de zapatos puede ser una nave espacial, varias sillas en hilera pueden formar un tren; suelen convertirse en médicos, soldados, maestras y hasta animales.

El niño recibe información, observa, escucha, vive su cotidianeidad, se relaciona con los demás y busca expresar su sentido de la realidad por medio de la fantasía. Así juega "a ser". El acto de modelar con la imaginación aquellas realidades tiene un nombre: fantasía creadora. La dramatización infantil es aventura, libertad y refugio.

El "juego dramático" les proporciona experiencias inéditas y aumenta la originalidad de su pensamiento, construyendo el aprendizaje de hábitos e ideas. El niño es capaz de trasladarse de un espacio estrecho a los paisajes imaginarios en los que la fantasía construye cantidad de aventuras. Es una actividad espontánea y gozosa que impulsa la maduración cognitiva, psicomotora y socioafectiva. sus medios son la exploración y el descubrimiento, los cuales se nutren de la experiencia personal y liberan impulsos y emociones.

Expresión artística

La expresión, además de ser arte, es simplemente comunicación. Y la manera en que la concebimos, marca la personalidad: la manera de sentir y transmitir sentimientos ya sea del niño o del adulto.

El niño necesita descubrir nuevas emociones y sensaciones aprendiendo a expresarlas. La práctica de la dramatización es una de las formas de expresión más adecuadas, puesto que desarrolla la creatividad y la espontaneidad. Se trata, pues, de una actividad liberadora, integradora y formativa.

Es fundamental que el niño se exprese con soltura utilizando como medio su propio cuerpo, sin necesidad del lenguaje verbal. Para ello empleará otros transmisores, como:

- El sonido
- El movimiento y
- El gesto

Todo esto se relaciona directamente con la palabra "mímica", pues "mimo" es el actor que se expresa por el gesto; sin embargo, en el caso del niño, "mímica" adquiere formas lúdicas significativas, libres y espontáneas.

Por otro lado, el lenguaje oral implica tanto la expresión como la comprensión. El niño, en su interacción con otros, va estructurando progresivamente sus códigos verbales de comunicación. En la medida en que crece su comprensión, va adquiriendo seguridad para expresarse con palabras y gestos, hasta favorecer su autonomía y su capacidad de relación con los demás.

En la actividad normal, el niño está motivado por la percepción y denominación cotidianas de las cosas. En cambio, en el juego se ve estimulado por sus propias ideas a las que denominamos "apoyos fantásticos". Éstos sirven muy bien para el desarrollo del lenguaje, el pensamiento, la creatividad y la imaginación. Por ejemplo, en la canción del juego "Víbora de la mar", ¿qué tiene que ver la víbora de la mar con la mexicana que fruta vendía, y ésta con la campanita de oro, y ésta con la vieja del otro día? Eso importa muy poco, pues su valor real es la belleza de la tonada, ¿o no?

Ahora bien, otro medio de comunicación es el lenguaje plástico, que ofrece la posibilidad de expresarse mediante la actividad manual. La expresión plástica implica manifestaciones espontáneas de la personalidad, y es un gran apoyo para la descarga liberadora de tensiones, por lo que se recomienda incluirla en la dramatización infantil.

En Teatro, lo que llamamos escenografía trabaja con la línea, el color, el volumen y las masas cambiantes integradas, los que deben ser manejados con creatividad; la máscara, el disfraz y el títere cobran funciones de motivación y desinhibición, y por consecuencia también apelan a la creatividad. Cada niño elige el objeto que quiere realizar y cómo lo desea decorar, buscándole una función. Cuando el niño crea sus propios elementos plásticos, se puede hablar con toda seguridad de una "expresión plástica" integrada en la dramatización.

El niño debe elaborar los elementos que necesita para construir o caracterizar personajes y ambientes. La expresión plástica aporta la base técnica de la caracterización de personajes (maquillajes, máscaras, disfraces); la construcción de muñecos (títeres, marionetas, siluetas); la creación de efectos plásticos escenográficos (luz, color, forma) y los espacios escénicos y utilería (objetos, mobiliarios, telones, etcétera). En un taller de teatro, se usa imaginación para caracterizar personajes y recrear en escena las situaciones.

Es mucho más adecuado, por la posibilidad de manifestar la creatividad, utilizar materiales usados o de desecho para adaptarlos.

En todo suceso expresivo, debemos tener en cuenta la evolución del desarrollo de cada niño, para adaptar las actividades a su madurez personal.

capítulo 2

Dinámicas del teatro infantil

Desarrollo de habilidades

Es importante desarrollar habilidades que nos sirvan de gran apoyo para lograr una expresión completa. Los fines son los siguientes:

- Desarrollar habilidades de socialización
- Lograr la participación en el trabajo grupal
- Estimular creativamente la imaginación
- Expresar y liberar sentimientos de modo seguro y aceptable
- Fomentar la iniciativa, plasmando la originalidad
- Clarificar situaciones de la conducta humana; y
- Obtener desenvolvimiento en el lenguaje

Las actividades deben ser satisfactorias para los niños, porque pueden divertirse con sus compañeros mientras aprenden y liberan sus energías. El maestro debe propiciar una atmósfera de libertad, otorgando tiempo y espacio a cambio de disciplina para no entorpecer el desarrollo. Es útil establecer reglas desde el principio; y es todavía más útil cuando, maestro/animador y niños, las establecen; entre todos, respetando los intereses individuales y grupales.

En caso de que el tiempo asignado para el taller de teatro sea muy reducido, se pueden seleccionar las actividades que se crea más convenientes. Por otra parte, siempre debemos tener a la mano música de diversos géneros y ritmos, para apoyar cualquier actividad que lo requiera, así como melodías de efecto tranquilizante.

Relajación

La relajación es la sensación de bienestar, descanso o reposo que nuestro cuerpo tiene cuando no existe ninguna tensión y nuestra mente está liberada del estrés, la ansiedad y las preocupaciones que nos perturban.

Si los niños se inquietan más allá de lo planeado, puede ser que necesiten de mayor actividad o que ya estén cansados. Por ello es importante conocer algunas técnicas de relajación, las cuales se pueden poner en práctica cuando se requiera, al principio, a la mitad o al final de las sesiones, según sea conveniente. Es importante no saturar estas prácticas, pues los niños pueden tomarlas como una rutina repetitiva.

Los requerimientos son los siguientes:

- Trabajar en un lugar silencioso
- Ambientar con música tranquila (para bebés es recomendable la musicoterapia)
- Se sentirán más libres sin zapatos
- Tomar conciencia de la respiración
- Seguir una secuencia progresiva de pies a cabeza
- Realizar cualquier movimiento lentamente
- No hay que obligar a todos los niños a hacer lo mismo

- El tiempo de distensión debe ser el doble que el de la tensión
- Alternar las actividades: algunas veces acostados, y otras veces de pie

Actividades

Piernas

▶ Subir y bajar talones.

▶ Elevación de la pierna derecha, arqueando el pie en dirección a la rodilla. Lo mismo con la pierna izquierda.

▶ Piernas y pies rígidos hasta la máxima tensión, toma de consciencia y relajación posterior.

Tronco

▶ Girar la cintura de un lado a otro.

▶ Apretar nalgas y vientre, después relajarlos.

▶ Hundir el estómago hacia adentro todo lo que se pueda, luego inflarlo.

▶ Para relajar la espalda, llevar hacia atrás los codos tratando de unirlos.

▶ Hundir e inflar el pecho.

▶ Elevar los hombros como para tocar las orejas con ellos, y bajarlos.

Brazos

▶ Tensar el brazo derecho y cerrar el puño rígidamente, toma de consciencia y relajación posterior. Repetir con el brazo izquierdo.

▶ Abrir y cerrar manos, con las manos estiradas al frente.

▶ Subir, llevar a los lados y bajar los brazos.

Cabeza

▶ Relajar el cuello llevando la barbilla hacia adelante.

▶ Aflojar el cuello llevando la cabeza hacia atrás.

▶ Apretar y aflojar fuertemente los dientes para relajar la mandíbula.

▶ Apretar fuertemente los labios uno contra otro y aflojar.

▶ Arrugar y estirar los labios.

▶ Sacar y meter la lengua.

▶ Arrugar y alisar con fuerza la nariz.

▶ Dejar caer los párpados de los ojos y cerrar con fuerza, abrir.

▶ Arrugar y estirar la frente.

Todo el cuerpo

▶ Poner música tranquila y acostarse boca arriba. Cada vez que se mencione una parte del cuerpo, deben dejarla floja como si fueran un muñeco de trapo. Comenzar desde los dedos de los pies hasta la cabeza. Incluir las partes de la cara.

▶ Saltar como títeres con las piernas abiertas y moviendo los brazos.

▶ Liberar el exceso de energía: golpear el aire, darle puñetazos, patearlo, abrazarlo, darle palmaditas, cepillarlo, empujarlo, aventarlo...

▶ Los niños imaginan que se convierten en ancianitos, los cuales caminan lento, encorvan el cuerpo y arrugan la frente. Después, vuelven a ser niños para jugar, correr y saltar.

▶ Acostarse un breve momento e imaginar que nos vamos a dormir, cerrando los ojos lentamente.

▶ Imaginar que el aire es plastilina mágica: golpearla y amasarla, estirarla, aplastarla, lanzarla al aire.

- Actuar como perros y ladrar, simular cómo se relajan: muerden un hueso, se estiran, se acuestan en el suelo y se duermen.
- Estirar y encoger todo el cuerpo.
- Formar parejas. Un niño, de cada pareja, se convierte en muñeco de trapo y se deja manejar por su compañero. Intercambiar papeles.
- Jugar con la imaginación: Somos un globo que se desinfla hasta caer al suelo. Somos una hoja que vuela rápidamente hasta llegar al piso. Somos plumas arrastradas por el viento. Estamos en una alberca de pelotas, nos hundimos. Somos astronautas, caminamos muy despacio.
- Dibujar en el aire con diferentes partes del cuerpo: ¡Dibujemos un árbol con la nariz! Ahora, una mariposa con el dedo gordo del pie.
- Correr durante cinco minutos. Cada niño se acerca a algún compañero y escucha los latidos de su corazón.

Integración y desinhibición

El teatro hecho por los niños requiere de espontaneidad. Un acto espontáneo sucede en los momentos de mayor libertad para involucrarnos con lo que nos rodea.

Cuando los miembros de un grupo están integrados, ellos se estimulan entre sí para tener ideas, reúnen opiniones, encuentran apoyos y, algo muy importante, aprenden el sentido del compromiso y la cooperación. Un ambiente sin críticas contribuirá a que el niño se sienta seguro ante sus compañeros y maestros; se debe explicar que cualquier tipo de creación porque es aceptado, cada uno ve las cosas de manera diferente. Además, es importante evitar el rechazo personal, tanto por el aspecto físico, como por la forma de comportamiento de cada individuo.

Muchas veces, inhibición es un problema; lo es más, cuando se trata de teatro. La mayoría de los niños menores de seis años son actores sin miedo, no tienen temor a equivocarse en expresiones o palabras, porque dicen lo que sienten. Sin embargo, cuando ya son conscientes del sentido del ridículo, la inhibición constituye un notable obstáculo. La tarea del maestro es construir un clima propicio en donde hasta los más tímidos se atrevan a actuar.

¿Por qué unir la integración con la desinhibición? Porque para que haya integración debe haber desinhibición, y viceversa.

Es necesario intercalar actividades que requieren de una gran carga de energía con otras que pueden tranquilizar al niño.

Actividades

▶ Formar un círculo. El que empieza a presentarse tiene una madeja de estambre y dice su nombre, luego lanza la madeja a cualquier otro niño sosteniendo la punta del estambre. Quien la recoge hace lo mismo, hasta que todos se presentan.

▶ Hacer un círculo. El primer niño dice su nombre. El siguiente debe repetirlo y decir el suyo. El tercero tiene que repetir los nombres anteriores antes de decir el suyo. Continuar hasta completar el círculo. Se pueden agregar gestos o decir: —Me llamo Lola y me pica aquí—, señalando alguna parte del cuerpo.

▶ Dividir al grupo en dos partes, que deberán formar dos círculos concéntricos, quedando por parejas que se miren a la cara. Dar consignas como: –¡Saludar con las manos! ¡Saludar con los pies! ¡Saludar sonriendo!– En cada consigna, un círculo gira, produciéndose nuevas parejas.

▸ Mencionar juegos que ellos practiquen, explicando las normas que siguen y por qué las respetan. Pactar entre todos qué se puede hacer cuando un niño ha molestado a otro. Pensar diferentes formar de pedir perdón.

▸ Colocar en el centro cualquier objeto que será "la bola de cristal". Cada niño pasa a coger la bola y a expresar sus deseos.

▸ Observarse libremente delante de un espejo, identificándose positivamente como "uno mismo". Después de un tiempo, se dan consignas como: –Ahora, todos observamos nuestro cabello, ¿es largo o corto? Veamos nuestros ojos, podemos pestañear...– Luego cada niño dice lo que descubrió.

▸ Tumbarse en el suelo boca arriba. Cada uno pone su cabeza en el estómago del otro. A una señal se deben reír. ¿Qué sienten?

▸ Sentarse en círculo. Mostrar con gestos, por turno, lo que a cada uno le gusta más de su vida. El resto trata de interpretarlo.

▸ Colocar una hoja de periódico en el centro. Decir consignas como: –Los de zapatos negros, ¡al centro!, los delgaditos, ¡al centro!...– Ir aplaudiendo a los que pasen, procurando que todos lo hayan hecho.

▸ Entre todo el grupo, elevar una pelota evitando que caiga al suelo.

▸ Formar parejas. Sobre un pliego de papel se coloca de espalda un niño y su compañero dibuja la silueta; se alternan los papeles. Se recorta la silueta y los niños le atribuyen características. Realizar movimientos acompañados de su silueta.

▶ Tomarse de las manos entre todos para formar un círculo. Hay que hacer nudos sin soltarse, mezclándose. Intentar volver a la posición de partida.

▶ Realizar un dibujo mural colectivo, mostrando lo que hizo cada uno.

▶ Un niño es la araña, quien debe atrapar a los demás. Al atrapar a un niño, lo toma de la mano, y así se van atrapando hasta hacer una hilera entre todos.

▶ Formar parejas en donde un niño es el ciego y el otro es su guía. El ciego debe vendar sus ojos, para que el guía lo "guíe" por todo el espacio tomándolo de la mano, sin hablar. Se trata de explorar y descubrir. Se cambian los papeles.

▶ Platicar: —¿Qué harían para consolar a un niño que está triste?

▶ Hacer uno o dos agujeros grandes en una caja, donde se mete un niño y saca alguna parte de su cuerpo por ellos. Con música, el niño mueve esa parte.

▶ Con los ojos vendados, reconocerse unos a otros por medio del tacto. Formar parejas y cada niño retrata a su compañero.

Los sentidos

Desarrollar la percepción del ambiente, por medio de los sentidos abre en el niño las puertas para un acercamiento más sensible a la creatividad y, por consiguiente, a la expresión. También, reactiva las habilidades más básicas de su condición corporal al ver, escuchar, oler, saborear y tocar.

Los sentidos están incorporados directamente a los movimientos y acciones del ser humano. Además, cuando los ejercitamos, desarrollamos la capacidad de observación y nuestra sensibilidad, lo que nos ayuda a descubrir y aceptar cosas y sensaciones nuevas.

Es importante procurar que las reacciones sean espontáneas; muchas de ellas se trabajarán por medio de la sugestión, ya que serán recreadas sólo mentalmente (introduciendo a los niños en el mundo de ficción que es el teatro).

Actividades

Escuchar

- ▶ Platicar acerca de las funciones del oído: ¿Para qué sirven? ¿Qué estás escuchando? ¿Qué es un sonido y qué es el ruido?
- ▶ Guardar absoluto silencio. Individualmente, con lápiz y papel en mano, anotarán los sonidos que logren escuchar. Leer al grupo lo que cada quién anotó. Posteriormente, se crean onomatopeyas para los sonidos anotados. Por ejemplo: "tap, tap, tap", los pasos en el pasillo; "plas", una puerta que se ha azotado.
- ▶ Comentar: ¿Cuál sonido fue más agradable? ¿Cuál les transmitió temor?
- ▶ Los niños pasan por turnos al frente y les vendamos los ojos. Hacemos sonar varios objetos; los niños deben adivinar qué está sonando.
- ▶ Guiar a los niños, con sus ojos tapados, por medio de una campanita.

Mirar

- ▶ Platicar acerca de la función de los ojos: ¿Para qué sirven? ¿Qué estás viendo? ¿Cuáles colores?

▸ Elaborar lentes con cartoncillo y papel celofán de diversos colores. Todos deben fijarse en cómo se ven las cosas con cada color de los lentes.

▸ Mostrar un conjunto de objetos colocados en hilera. Los niños los observarán durante medio minuto. Cambiar o eliminar objetos cuando ellos no miren y, después, pedirles que recuerden cómo estaban.

▸ Esconder un objeto en el salón, con los niños afuera. Al entrar, lo buscan.

▸ Imaginar cosas y situaciones conectadas con determinados colores, por ejemplo: –Estamos en un bosque de pasto verde: miren hacia arriba al cielo azul. El viento empuja una blanca nube.

▸ Con una máscara neutra, que descubra solamente los ojos, cada niño representa con la mirada diferentes estados de ánimo.

▸ Morder una tostada y descubrir figuras.

Oler

▸ Platicar acerca de la función de la nariz: ¿Para qué sirve? ¿Qué estás oliendo?

▸ Adivinar, con los ojos tapados, diferentes olores de cosas y sustancias: cebolla, perfume, pimienta, chocolate, café. Diferenciar entre los olores agradables y los desagradables.

▸ Recordar e imaginar olores de un paseo. Especificar olores predominantes en diferentes ambientes: una fábrica, la playa, el bosque, la ciudad...

▸ Mencionar personajes que son identificados por la forma de su nariz: el payaso, la bruja, Pinocho... Podemos hacer una nariz con cualquier material y jugar.

▸ Imaginar que somos perros, gatos, vacas u otros animales. Adaptar la manera de oler de cada uno.

Gustar

▸ Platicar acerca de las funciones de la boca: ¿Para qué sirve? ¿Cuáles son las partes integran de la boca? ¿Qué harías si no tuvieras boca?

▸ Degustar, con los ojos tapados, sabores de alimentos como chile piquín, miel, mermelada de fresa, caldo de pollo, cajeta...

▸ Recordar e imaginar sabores. Reaccionar corporal y gestualmente (con muecas). Cada niño se coloca una máscara neutra, que descubra solamente la boca, y representa con ella diferentes estados de ánimo.

Tocar (con cualquier parte del cuerpo)

▸ Platicar acerca de las funciones de las manos: ¿Para qué sirven? ¿Qué harías si no tuvieras manos?

▸ Observar las manos: abrirlas y cerrarlas, separar y doblar los dedos; observar las uñas. Plasmar las manos de todos con pintura, o engrudo de color, sobre un pliego grande de papel. Reconocer las huellas de cada quién.

▸ Inflar un globo y pasar las manos alrededor de él. Dar golpecitos con el globo en nuestra nariz, boca, ojos, brazos, etcétera.

▸ Jugar a descubrir texturas, con los ojos tapados, de diferentes objetos.

▸ Un niño describe una superficie según su tacto. Los otros tratan de identificarla.

▶ Representar estados de ánimo sólo con las manos. Para ello, nos ponemos detrás de un teatrino improvisado con una sábana.

▶ Ante un proyector de luz, formar figuras de sombras con las manos.

▶ Todos se quitan los zapatos y calcetines, y se vendan los ojos. Se dispersan piedrecitas en el suelo. Los niños deben ir palpando con los pies para encontrarlas; al lograrlo, las levantan con las manos.

▶ Reaccionar corporalmente al imaginar sensaciones agradables: un rayo de sol que acaricia la piel, la lluvia que refresca, un abrigo suave.

Integración de los cinco sentidos

▶ Manipular libremente una flor y comentar entre todos las cualidades sensoriales descubiertas (color, aroma, texturas...).

▶ Imaginar por medio los sentidos ambientes reales o fantásticos, como caminar con frío en el Polo Norte, con lluvia en la selva, con calor en la playa.

Imagen corporal

El ser humano expresa sus emociones, sensaciones, deseos, sentimientos y estados de ánimo por medio del cuerpo, que los exterioriza mediante el movimiento físico; a esto se le denomina expresión corporal. El cuerpo constituye el primer medio al alcance del niño para expresarse.

Los pequeños deben conocer su cuerpo, emplearlo de formas novedosas, descubrir sus límites y sus posibilidades por medio de la movilización total, que al mismo tiempo les dará soltura y capacidad de percepción (apoyada por el trabajo de los sentidos). No se debe forzar al niño a realizar algo que no quiera. Sin embargo, no descartamos la capacidad de motivación que puede emplear el maestro/a para que el pequeño se anime y venza el temor, y posteriormente sea él quien tome la iniciativa.

Las actividades deben ser tanto individuales como colectivas; nunca deben restringirse solamente a una de esas formas. El niño debe buscar, observar, proponer, memorizar, organizar y controlar sus movimientos, emociones e ideas.

Comenzaremos a explorar desde lo más sencillo hasta lo más complejo, o sea, desde el reconocimiento corporal hasta la gestualidad. La gestualidad es la capacidad de expresión por medio de algún movimiento o postura de cualquier parte del cuerpo o de su totalidad; no solamente se remite al rostro.

La creatividad nos otorga la posibilidad de imaginar y producir nuevas relaciones entre movimientos e ideas, ir más allá del conocimiento de lo cotidiano.

Es importante tener en cuenta las siguientes posibilidades para sugerir a los niños que las incluyan en sus creaciones.

a. Diferentes direcciones: hacia atrás, adelante, izquierda y derecha, etcétera.
b. Diferentes trayectorias: curvas, rectas, zigzag.
c. Diferentes niveles: bajo (a gatas), medio, arriba (estirados).
d. Diferentes velocidades: rápido, lento.
e. Diferentes duraciones: largo, corto.
f. Diferentes fuerzas: fuerte, suave, brusco, gradual, cortado, fluido.
g. Diferentes pesos: pesado o ligero.
h. Diferentes consistencias: rígido o elástico.

i. Diferentes apoyos: equilibrio y desequilibrio.

j. Diferentes formas de desplazamiento: correr, marchar, saltar, girar, arrastrarse, caer y levantarse, caminar de puntitas, de cojito, encima de colchonetas...

k. Diferentes estados de ánimo: alegría, tristeza, enojo...

l. Diferentes posiciones: Abiertas (poder, alegría, seguridad) y cerradas (inseguridad, tristeza, miedo).

m. Diferentes ciclos: progresión (nacimiento de una flor) y regresión (desinflarse).

Actividades

▶ Realizar movimientos siguiendo al maestro. Después, agregar determinados ritmos.

▶ Se traza una línea de cinco metros. Pasar por ella con saltos, de cojito, gateando...

▶ Descubrir el esquema corporal, desde lo básico (cabeza, tronco, piernas y brazos) hasta lo específico (dedos, talones, ombligo, codos, axilas, uñas, cuello, boca, labios, dientes, ojos, cejas, pestañas...) por medio de movimientos simbólicos como: –¡Vamos a sacudir las piernas como si fueran un mantel! Nuestro tronco se enrosca como una lombriz. ¡Las manos se abren y cierran como una flor! La cabeza se balancea como una hamaca, y los ojos se abren y cierran como cocuyos.

▶ Producir y escuchar los diferentes sonidos que se pueden efectuar con el cuerpo, como golpear los dientes, palmear, pegar en el piso con los pies, silvar, tronar los dedos...

▶ Jugar al espejo: dos niños se ponen frente a frente, uno de ellos mueve muy despacio algunas partes de su cuerpo y el otro lo imita. Se intercambian papeles.

▶ Jugar al escultor: por parejas, un niño se convierte en la piedra y el otro en escultor, quien debe darle forma por medio de golpecitos.

▶ Tocar música: cuando ésta se detenga, todos deben formas estatuas. Se pueden sugerir temas como un parque, personas comiendo, muebles, etcétera.

▶ Formar figuras geométricas (círculo, cuadrado, triángulo...) con todo el cuerpo.

▶ Formar parejas. Uno se coloca de pie y esconde las manos atrás, el otro se pone detrás suyo y pasa los brazos a la altura del hombro. El primero narra una historia y el de atrás la expresa con los brazos.

▶ Poner marcas en el piso y cada niño escoge una. Bailar con distintas partes del cuerpo sin cambiar de lugar.

▶ Convertirse en estatuas y moverse por todo el salón sin cambiar de forma. Pueden girar, moverse lento, rápido, etcétera.

▶ Imitar una acción que requiera de un objeto, pero sin servirse de él: tomar un refresco, leer un periódico, tocar una flauta... Se puede jugar a las adivinanzas.

▶ Expresar, mediante el movimiento, ritmos como los: del mar, del tren...

▶ Imitar la forma de andar de diversos animales.

▶ Imitar acciones como cortar leña, pintar una pared, pisar uvas, pescar con caña, sacar una fotografía, pasear en bicicleta...

▶ Representar corporalmente distintos oficios: el pintor, la secretaria...

▶ Realizar la mímica de películas, nombres de personas famosas o frases populares.

- Reflejar corporalmente impresiones del mundo emocional. Sensaciones: frío, calor, sueño, hambre. Estados de ánimo: nerviosismo, tranquilidad, aburrimiento. Sentimientos: alegría, tristeza, piedad.
- Crear corporalmente objetos como un sillón, una mesa, una estrella...
- Coordinar una melodía con el movimiento corporal.
- Distinguir estados de ánimo reflejados en el rostro de una persona.
- Por la observación de una acción mimada, adivinar la intención del ejecutante.
- Realizar acciones cotidianas como saludar, señalar, rezar, alejar, ignorar...
- Descifrar mensajes comunicados por el gesto.
- Imitar gestualmente la forma de tocar varios instrumentos musicales.
- Imitar la forma de comer en determinadas circunstancias, con gula, despacio, comer espagueti, con palillos chinos, tacos...
- Combinar movimientos y actitudes o gestos: correr sonriendo, gatear estornudando...
- Vestirse imaginariamente: ponerse el pantalón, la camisa, los zapatos...
- Caminar como una persona que huye, alegre, con miedo, borracho, triste...
- Leer un pequeño texto y "traducirlo" con gestos..
- El niño está dentro de un cubo imaginario y palpa sus paredes de cristal.
- Tirar de la cuerda imaginaria, representar el esfuerzo físico y las relaciones espaciales.

▶ Transportar, subir y bajar objetos de diversos tamaños y pesos. El gesto debe transmitir las sensaciones de peso y volumen correpondientes.

▶ Caminar sobre la cuerda floja.

▶ Moverse como el ser más bello y, después, como el más horrible.

▶ Adoptar, con el propio cuerpo, posturas que indiquen calor-frío, poder-sumisión, alegría-tristeza, agresividad-defensa, generosidad-avaricia.

▶ Realizar movimientos en cámara lenta.

▶ Mantener la cara quieta. Un niño hace una cara y mantiene fija su expresión, sus compañeros tratan de hacerlo reír. No se vale tocar.

▶ Formar equipos. Cada equipo debe inventar una máquina integrada por los cuerpos de todos los niños. Agregar diferentes movimientos y sonidos.

▶ Jugar a mímica en cadena: el primer niño hace un gesto, el segundo lo imita y añade otro, el siguiente imita lo anterior y añade el suyo, y así sucesivamente.

▶ Trabajar la gesticulación rígida y mecánica, como si los niños fuesen robots.

▶ Expresar actitudes visualmente grotescas o fársicas.

▶ Jugar a pasarse las caras: sentados en círculo, un niño compone una cara, la toma entre sus manos y simula pasársela al niño siguiente, quien hace lo mismo.

Ritmo corporal

Los movimientos de los niños son rítmicos por naturaleza, por ejemplo al mecerse, al saltar, al girar, al golpear o al correr. El niño los siente sin pensarlo y le producen placer.

Por supuesto, durante las dinámicas se requiere del suficiente espacio para que los movimientos entre unos y otros no estorben. Se debe estimular el uso de la imaginación para acompañar movimientos rítmicos con efectos sonoros o musicales. Resulta interesante trabajar diferentes géneros musicales en una misma actividad.

Actividades

- ▶ Poner un péndulo a la vista de los niños para que se muevan como él.
- ▶ Marchar a ritmos diferentes, tocados con un tambor.
- ▶ Palmear diferentes ritmos.
- ▶ Diferenciar con qué ritmos caminan un ratón (rápido), un perro (medio) y un elefante (lento).
- ▶ Con música en la que se empleen diferentes ritmos, ser diversos animales, según lo que induzca la música.
- ▶ Practicar ritmos de elementos de la naturaleza, como la lluvia las olas del mar, las hojas de los árboles en otoño, el caer de copos de nieve...
- ▶ Coordinar una melodía con el movimiento de algunos personajes.
- ▶ Crear acciones que evoquen algunos movimientos rítmicos.
- ▶ Cantar o recitar y separar las sílabas de los versos con palmadas, con los pies, saltando...
- ▶ Formar parejas, poner música y coordinar el movimiento con el del compañero.
- ▶ Bailar libremente una canción.

Respiración

Entendemos por respiración el acto de absorber el aire y expelerlo para mantener las funciones vitales de la sangre. Se vincula con la percepción del propio cuerpo, el control de las determinaciones musculares, la vocalización y el relajamiento.

Para aprender a dominar su funcionamiento es necesario tomar consciencia de su doble mecanismo: torácico y diafragmático. La respiración torácica es aquella a la que todos estamos acostumbrados pero hay que poner mayor atención en la diafragmática. Para darla a conocer al niño, basta con que éste se coloque las manos sobre el vientre cuando está emitiendo un sonido, y al mismo tiempo empujar sus manos con una fuerza moderada. Así, de manera natural, sentirá la diferente forma en que el sonido sale de su interior.

Cuando uno aspira (inhala), el diafragma se contrae y se aplasta mientras los músculos del abdomen se expanden, empujando las costillas hacia arriba y hacia afuera, lo cual aumenta la cavidad del pecho. Cuando espira (exhala), los músculos del abdomen se contraen empujando el diafragma hacia arriba y atrayendo las costillas hacia adentro; esto reduce el volumen de la cavidad.

En su recorrido, el aire pasa por la laringe, en donde la vibración de las cuerdas vocales es el origen de los sonidos.

Posición del cuerpo:

- Cabeza ligeramente levantada;
- Distensión general del cuerpo en posición relajada;
- Hombros caídos;
- Pies fijos en el suelo, inmóviles;
- Piernas separadas.

Al realizar los siguientes ejercicios debemos tener cuidado con los mareos, que son muy comunes. Los niños deben incorporarse lentamente, después de un breve descanso.

Actividades

- Inflar las mejillas. Taparse la boca y soplar, comprobando cómo se expulsa el aire a trav és de ella.
- Llenar de nuevo la boca de aire y dejarlo escapar, entreabriendo los labios.
- Volver a llenar la boca de aire y soplarlo con fuerza contra la palma de la mano, contra un antebrazo, contra un compañero, contra la pared, etcétera.
- Hacer una carrera de soplar hojas en el suelo, con el cuerpo pegado al suelo.
- Escuchar la respiración de uno mismo y, después, la de los demás.
- Los niños están tumbados en el suelo boca arriba y con las manos en el abdomen. Toman y expulsan aire hasta conseguir levantar y bajar las manos, al menos tres de cada cinco intentos.
- Intentar hacer consciente el ritmo habitual de la respiración, ampliándolo progresivamente. Se toma aire por la nariz y se expulsa por la boca.
- Retener el aire y soltarlo muy despacio, con desplazamientos rítmicos y posiciones corporales diversas.
- Usar estímulos musicales.
- Jugar a ser el lobo feroz, que sopla y sopla para derrumbar las casas.
- Imaginar que somos globos y nos inflamos para reventarnos.

Vocalización

Los objetivos de la vocalización son utilizar bien las cuerdas vocales y el oído, aprender a utilizar las posibilidades de articulación, y hacer que el niño descubra todos los ruidos y sonidos que puede emitir con su boca y con su garganta.

Es necesario tomar en cuenta las siguientes características del sonido para conocer y modular las distintas cualidades de la voz:

a. *Intensidad*: Aumentar o disminuir gradualmente el volumen (fuerte y suave). Adecuar el volumen de la voz a distintos personajes y situaciones. A mayor fuerza del aire, mayor vibración y voz más fuerte; en el murmullo, las cuerdas vocales apenas vibran.

b. *Duración*: Emitir un sonido durante el mínimo y el máximo tiempo. Hablar de prisa y hablar despacio.

c. *Tono o altura*: Utilizar diferentes tonos de voz (grave o agudo), asociados a personajes u objetos característicos. Decir frases con diversas entonaciones. El tono depende de la contracción de las cuerdas vocales.

d. *Timbre o matiz*: Distingue quién emite una misma nota, debido a la estructura anatómica del aparato vocal de cada individuo.

e. *Ritmo y melodía*: Reproducción de frases rimadas, cantadas, etcétera.

f. *Ortofonía*: Habilidad y correcta pronunciación de letras, sílabas, palabras y frases.

El lenguaje verbal expresa y organiza hechos, cuentos, sensaciones, emociones, etcétera, de la vida real o imaginaria. Fomentarlo enriquece la capacidad de comunicación del niño y, por consiguiente, su relación con los otros niños y con los adultos resultará más profunda y placentera.

Actividades

- Ejercitar las partes de la boca: apretar y abrir los labios, chocar los dientes unos contra otros, mover la lengua, tocar el paladar con la punta de la lengua.

- Emitir sonidos prolongados de una sola vocal, hasta conseguir la nitidez absoluta. Conversar usando una sola vocal. Reír o llorar sobre una vocal.

- Jugar con la pronunciación de cada una de las consonantes, haciendo notar qué partes y cómo se mueven en dicha emisión, y cómo.

- Asociar las consonantes con sonidos característicos que posee determinado objeto o animal –¡Rrrrr! hace el carro.

- Aclarar y fijar el sonido de cada consonante con las vocales –Baba, bebe, bibi. bobo, bubu. ¡Ahora con la C! Caca, keke, kiki, coco, cucu.

- Ejercitar la pronunciación de agrupaciones con dificultades –Digamos blaps, bleps, blips, blops, blups, claks, cleks, cliks, cloks, cluks, trans, trens...

- Jugar a los trabalenguas.

- Identificar y reproducir diversas onomatopeyas con vocales y consonantes. Hacerlo por grupos de animales, ruidos característicos de la naturaleza, instrumentos musicales, máquinas, aparatos electrodomésticos, etcétera.

- Expresar sonoramente el movimiento del tren, del reloj, de la moto...

- Proyectar palabras con alta intensidad, apoyándonos en la respiración abdominal. Después, agregar emociones.

- Jugar al eco, colocando al grupo en línea recta. El primer niño grita una frase, como: –¡Tito, tito, capotito!– Los demás niños dicen la misma frase, pero bajando la intensidad sucesivamente. Realizar lo mismo, pero viceversa, desde un murmullo hasta un grito.

▶ Pronunciar palabras y frases con duraciones diferentes.

▶ Imitar formas variadas de hablar, basándose en grupos de personajes miembros de la familia (mamá, papá, abuelos, bebé), personajes típicos (la vecina chismosa, el tímido, el payaso, el valiente), personajes famosos (de caricaturas, cantantes, presidentes, conductores de televisión).

▶ Ante una frase característica de un oficio o profesión, descubrir el personaje que la pronuncia –¡Extra, la extra, lleve su extra!–, dice el vendedor de periódicos.

▶ Decir una misma frase con diferentes estados de ánimo.

▶ Buscar formas de hablar y entonaciones para caracterizar a algunos animales. Variar intensidad, duración, altura, timbre...

▶ Emplear voces irreales, con pronunciación gutural o ficticia.

▶ Leer un texto (en voz alta) separando todas y cada una de las sílabas.

▶ Leer rápidamente un texto (en voz alta), inexpresivamente, lo más veloz posible, sin tomar en cuenta los signos de puntuación.

▶ Hacer lectura expresiva individual (en voz alta), manteniendo la entonación y la cadencia de acuerdo con el sentido.

▶ Declamar versos modulando la voz. Repetirlos a coro.

▶ Lectura colectiva matizada de algún texto dramático.

▶ Platicar usando un teléfono imaginario.

▶ Hacer ejercicios de improvisación verbal, como describir algo, crear una escena, hacer un programa de radio...

Capítulo 3

Técnicas de creación dramática

Dramatización infantil

El niño debe comprender la estructura y los elementos de cualquier representación que desarrolle un sentido o una historia. Por ello, antes que nada, es necesario analizar el texto dramático a partir de los elementos fundamentales del drama, que estudiaremos en el presente capítulo.

La dramatización infantil busca imprimir un carácter dramático y expresivo a algo que no lo tiene, nada más; no pretende realizar un espectáculo estéticamente perfecto. Los niños y el maestro pueden aspirar a que el resultado sea excelente, pero sin estresarse por lograrlo. Lo que importa es la experiencia del proceso dramático, más que la culminación de una puesta en escena.

Personajes

Cuando juegan, los niños interpretan papeles y elaboran planes de juego basándose en herramientas tomadas de su experiencia cotidiana, imitando características típicas de los roles sociales que conocen. Es lo que hacen cuando juegan al doctor, por ejemplo. La importancia radica en aumentar los roles y caracteres por medio del juego dramático, y experimentar conductas y sentimientos.

La representación de sentimientos les permiten a los niños entenderse a sí mismos y a los demás. Al "ponerse en los zapatos del otro", descubren que las emociones no tienen límites de lugar ni de tiempo.

Actividades

- ▶ Asignar a cada niño una nueva personalidad. Los niños dan vueltas por todo el lugar y a una señal deben quedar inmóviles, proyectando la nueva actitud.
- ▶ Cada niño enumera, sucesivamente y por orden, un personaje distinto, según su elección.
- ▶ Puede ser real o ficticio, genérico o concreto, animado o inanimado. Cada niño debe visualizarlo en su imaginación.
- ▶ Formar equipos. Cada equipo escoge un personaje y apuntan en un papel las características que lo identifican, o sea, lo caracterizan. Por ejemplo, el payaso: ríe, baila, hace malabares, trabaja en un circo, es bromista, viste de muchos colores. Se puede jugar a las adivinanzas.
- ▶ Cada equipo elige otro personaje y estudia la manera de representarlo. Un niño de cada equipo lo interpretará.
- ▶ Imitar la forma de hablar, cantar, reír, gesticular, caminar y moverse, de personajes extraídos de la realidad, un motociclista, un payaso, una niña, un pintor, una secretaria.
- ▶ Imitar la forma de hablar, cantar, reír, gesticular, caminar y moverse, de personajes extraídos de la ficción, como un pitufo, un extraterrestre o un duende.
- ▶ Representar personajes animales como un conejo, una ballena, un gato. Se debe crear formas de comunicación y

movimientos propios para singularizarlos. Por ejemplo: un pájaro se mueve rápido, es muy ligerito, da vueltas y canta agudo.

► Representar personajes dinámicos: el mar, un tren, un árbol, etcétera, creando entonaciones y movimientos propios para singularizarlos.

► Imitar a personas que cumplen actividades conocidas y añadir un adjetivo a cada personaje, como un chofer-desconfiado, un profesor-distraído, un peluquero-miope... Después, agregar emociones.

► Representar personajes históricos y de la literatura infantil.

► Imaginar personajes extraños: hombres de azúcar, de agua, de jabón, de goma o de viento. Dibujarlos en papel o modelarlos con plastilina.

► Representar el personaje que puede sugerir un objeto común y corriente. Por ejemplo, un trapo pasa de mano en mano y cada niño se convierte en una señora con falda, Superman y su capa, un bebé dormido bien tapadito; con una gorra, uno pasa a ser taxista o mendigo.

► Narrar pequeñas historias en las que ellos mismos sean los protagonistas. El maestro se detiene y anima a los niños a desarrollar la historia.

► Después de leer un cuento, distinguir los personajes buenos y los malos.

► Cada niño se describe a sí mismo.

Conflicto

Cuando dos o más personajes entran en contacto, se establece una relación que puede ser de muchas maneras: amor u odio, aceptación o rechazo, compañerismo o rivalidad.

Los conflictos pueden ser múltiples y tener diversos grados de evolución, expresados en distintas situaciones.

El conflicto se compone de tres fases fundamentales:

a. *Planteamiento*: Es la presentación del hecho, como: una señora vende manzanas en un tianguis.

b. *Nudo*: Es el desarrollo del hecho llega una clienta, se las cobra muy caras, riñen.

c. *Desenlace*: Es la culminación del hecho la señora decide hacerle una rebaja.

Para comprender mejor el conflicto hay que preguntarnos: ¿quién es tu personaje?, ¿qué quiere?, ¿qué busca de los demás personajes? El conflicto surge cuando los personajes enfrentan sus objetivos dramáticos. La lucha de esas dos acciones contrapuestas es la situación. Es importante que el conflicto llegue al desenlace, para devolver a los participantes el estado de equilibrio con el que empezaron y no causarles ninguna ansiedad, ya que los niños siempre desean conocer los finales.

Actividades

▸ Un niño debe elegir un objetivo a realizar, y un compañero suyo propone el objetivo opuesto. El primer niño debe encontrar cinco maneras diferentes de lograr su meta.

▸ Representar corporalmente acciones contrapuestas: uno ataca y otro se defiende; uno ríe y otro llora; uno huye y otro lo persigue; uno pinta y otro posa.

▸ Improvisar discusiones como: dos personas quieren ver dos canales de televisión distintos; varias personas pelean por su lugar en la cola del cine.

- Hacer, entre todo el grupo, una lista de personajes y sus oponentes.
- Por equipos, formular conflictos con planteamiento, nudo y desenlace.
- Cada equipo estudia la manera en que se pueden representar.
- Proponer a los equipos un conflicto; cada equipo debe llegar a un desenlace distinto.

Espacio

Los objetivos de la presente sección son: enseñar al niño a moverse y colocarse entre los demás y descubrir un nuevo espacio, el espacio escénico.

Dada la situación de dramatización, el espacio se divide en dos situaciones:

a. *Espacio real*: En él se produjo o imaginó la acción real. El mismo espacio puede presentar circunstancias diferentes: los personajes varían, o llevan a cabo hechos distintos.

b. *Espacio dramático*: Es aquél en el que la acción imaginada se reproduce convencionalmente. Si tiene características (amplitud, limpieza, ventilación) que inciten a tomar inciativas, se convierte en un elemento valioso para que cada ejercicio se desenvuelva de la mejor manera.

La utilización del espacio dependerá de la actitud que adopten todos y cada uno de los niños en la actividad que se desarrolle, ya que con muy pocos elementos podemos crear un sinfín de cosas.

Actividades

- ▶ Buscar un pequeño alfiler que esté perdido en el suelo.
- ▶ Realizar desplazamientos variados por todo el espacio disponible: marchar rápido y lento, atravesar el espacio, rodearlo, seguir trayectorias, imaginar obstáculos, arrastrarse, saltar.
- ▶ Ocupar con el cuerpo el mayor y el menor espacio posibles. Realizar esto individual y grupalmente.
- ▶ Mostrar la fotografía de algún paisaje. Los niños deben expresar oralmente lo que ven en ella.
- ▶ Enumerar espacios. Cada niño añade un espacio nuevo a los que ya dijeron los otros compañeros: un parque, un restaurante, una nave espacial, una selva...
- ▶ Buscar en revistas espacios que les agraden, recortarlos decir por qué les agradan.
- ▶ Cada niño piensa en un lugar. Por turnos, los demás hacen preguntas, que sólo pueden responderse con "sí" o "no", hasta adivinar qué lugar es.
- ▶ Imaginariamente, marchar con diferentes grados de dificultad sobre arena, rocas, subiendo y bajando la cuesta, contra el viento, en caramelo líquido, en algodón, en el pantano, en un techo caliente, en una cuerda floja.
- ▶ Imaginar: cazar mariposas en el campo; caminar por una calle extremadamente concurrida; atravesar una selva llena de peligros.
- ▶ Hacer ejercicios de espacios creados por el gesto contemplar un partido de tenis, contemplar la subida de un cohete espacial, llamar a una persona desde lejos.
- ▶ Crear espacios escénicos con los materiales (sillas, mesas) del salón: un circo, un barco, la selva, la granja...

▶ Crear colectivamente una composición corporal: si eligen el parque, unos niños serán los árboles; otros, arbustos; unos más, representarán un kiosko; etcétera.

▶ Imaginariamente, entrar a un lugar y, durante dos minutos, mostrar con reacciones físicas los objetos que encuentren.

▶ Pensar acciones que puedan realizarse en ciertos espacios conocidos.

▶ Enumerar espacios e imaginar un conflicto (con planteamiento, nudo y desenlace) en cada uno de ellos, como: playa-una invasión de tiburones, mercado-una pelea de tomates, etcétera.

▶ Inventar historias en las que haya un lugar y un personaje que no se adapte a él: un payaso en la funeraria, un chango en una función de teatro...

Tiempo

El tiempo puede ser considerado según la época o según la duración, y éstos a su vez, pueden ser reales o dramáticos:

a. *Época real*: En ella, sucedió o se supone que sucedió la acción (en el caso de la ciencia ficción). Para su identificación, se debe caracterizar a los personajes (con vestuario y maquillaje) y adaptar los elementos escenográficos de utilería y de musicalización. Su relación con el personaje puede ser anacrónica, disparatada un gladiador grecorromano tomando refresco en un cine.

Época dramática: Es nuestra época, aquélla en la que debemos representar el drama. Dicho en otras palabras, es el momento en el que transcurre la acción.

Aquí también debemos considerar el tiempo y la frecuencia determinada del horario para el taller de teatro infantil, con la finalidad de organizar el tiempo disponible para su aprovechamiento.

b. *Duración real*: Es la que tardó en transcurrir el hecho, considerado como acción real.

Duración dramática: Nos referimos a la de la escena teatral, con una duración determinada y una frecuencia que marca el ritmo. Es convencional para el desarrollo de la acción tomada en la puesta en escena. Jamás coincidirá con la duración real.

Actividades

▸ Interpretar corporalmente el frío, el calor, el viento, la lluvia, el sol. Definir los estados de ánimo producidos en cada condición climática.

▸ Platicar: ¿Qué hacen por la mañana? ¿Y durante la tarde? ¿Y en la noche?

▸ Seleccionar una fotografía con varias personas. Considerar tres tiempos de la escena: presente (cómo es la foto), pasado (como fue), futuro (como será la foto).

▸ Inventar y representar escenas propias de épocas históricas determinadas: Prehistoria, Antigüedad Clásica, Edad Media, etcétera. Abrir la posibilidad de los anacronismos: un astronauta en la Edad de Piedra, un punk en las Cruzadas.

▸ Improvisar situaciones provocadas porque la duración de la acción es demasiada para el tiempo disponible: un señor gordo que no llega a tiempo a una cita; un ciego quiere cruzar una avenida en hora pico.

▶ Improvisar situaciones en las que el tiempo dura más que la acción la espera en una estación del tren; alguien espera una llamada telefónica que se retrasa.

Argumento

El argumento nos servirá para construir la historia a partir del conflicto.

Si sus partes están bien ordenadas, podremos comprender muy bien el conflicto. Es importante que cada argumento tenga un principio y un final.

Actividades

▶ Inventar situaciones extraordinarias dentro de lo cotidiano (ganar un premio, un asalto) o imaginarias de aventuras o sueños (la casa que vuela, los lentes mágicos).

▶ Observar fotografías o dibujos e inventar situaciones dramáticas con ellas.

▶ Formar un círculo. A un niño se le da una madeja de estambre y él comienza a inventar un cuento. Lo interrumpe, agarra el final del hilo y pasa la madeja al niño que continuará.

▶ Narrar un cuento y decir a los niños que lo deben resumir en pocas palabras, pues lo mandarán por telegrama. Cada niño lee en voz alta lo que escribió.

▶ Narrar una historia: los niños inventarán un nuevo final.

▶ Transformar personajes característicos de cuentos conocidos y cambiar hechos.

▶ Recortar y ordenar fotos de periódicos o revistas, inventar diálogos.

- ▶ Cubrir varios cómics con papel blanco o corrector e inventar nuevos diálogos.
- ▶ Con base en fotos de periódicos o revistas, inventar diálogos.
- ▶ Cada niño dibuja en un papel el personaje y la parte del cuento que más le guste. Por equipos, se inventa una historia a partir de los personajes elegidos.
- ▶ Dar un principio, un medio y un final para que se invente un cuento.
- ▶ Crear argumentos con un espacio, una época y una acción dados.
- ▶ Crear argumentos a partir de un tema genérico y conocido: la escuela, el mercado; después, a partir de un tema conflictivo: la envidia, la soledad, el robo, el racismo.
- ▶ Enunciar y representar algunos argumentos y luego analizar a qué tema se refieren. Por ejemplo: si el argumento es sobre un viejecito pide limosna en las calles, el tema puede ser la soledad del hombre.
- ▶ Un niño comienza una acción, otro niño se une, después otro, hasta que todo el grupo participe, creando un argumento por medio de la improvisación colectiva.

capítulo 4

Producción
de recursos escénicos

Creación plástica para la escena

La expresión plástica, en la que se manipulan diversos materiales, es un medio útil para estimular capacidades que resultan novedosas para los niños. Es importante que se interesen por estas actividades, que las disfruten, que valoren y respeten sus propias creaciones y las de los demás. Para ello serán necesarias normas de respeto y limpieza. Podemos emplear música tranquila como un medio relajante; además, cualquier tipo de música estimulará imágenes para inventar.

Cualquier material que se encuentre en el salón puede despertar la imaginación. Es muy atractivo utilizar y explorar diferentes materiales, colores, instrumentos; es necesario descubrir nuevos usos para cada objeto.

Los materiales más útiles son: hojas, periódico, papeles y telas (diversos colores, tamaños y texturas), cartulina, cartón, hule espuma, relleno, fomy, tijeras, cinta adhesiva, pegamento, harina (para engrudo y masa), témpera, plumones, lápices, crayolas, acuarelas, pinceles, plastilina, cintas (estambre y listones), botones, perforadora, broches, alambre, varillas de madera, limpiapipas, algodón, semillas, latas, botes y botellas, bolsas, platos, vasos, popotes...

Entre las técnicas más prácticas, accesibles en la elaboración de cualquier objeto de escenografía, utilería, vestuario, máscaras y títeres, se encuentran:

- Pintura salpicada con pincel o cepillo, plasmada con frascos de roll-on, rociada, o pintura de burbujas de jabón de colores.
- Gises, acuarelas, crayolas, plumones, engrudo con pintura...
- Impresiones con diversos objetos (esponjas, sellos, rodillos, hojas, frutas...).
- Estampar dedos o la palma de la mano o el pie bañados en pintura.
- Composiciones o collages con figuras recortadas o rasgadas de diferentes formas, de papeles, envolturas, telas, etcétera.
- Creaciones con material de desecho.

Además, hay que considerar las variedades de tonos y matices que proporciona el empleo de colores. Además de crear imágenes, pueden proyectar sensaciones diversas, lo que es muy importantes como elemento de significación escénica.

Escenografía

Es importante actuar, alguna vez, con el escenario completamente vacío. Sin embargo, la escenografía nos ayuda a interpretar y a significar lo que queremos proyectar en la dramatización; además de delimitar entradas, salidas y juegos escénicos.

Se aconseja que la escenografía ocupe poco espacio y sea un tanto sobria, para que la actuación del niño sea menos lineal y artificial, ya que probablemente los tímidos tiendan a esconderse en el decorado. Los elementos empleados deben evocar, sugerir, no reproducir la realidad tal cual, configurando espacios escénicos reales o fantásticos.

Actividades

▶ A partir del propio cuerpo, realizar composiciones como: una mesa (entre cuatro, con las espaldas dobladas y juntando las cabezas en el centro), árboles (niños con brazos en alto), un caballo (un niño en posición erguida y otro inclinado y adosado).

▶ Diferenciar tipos de paisaje: playa, bosque, ciudad, pueblo...

▶ Cada niño dibujará sus sueños.

▶ Pintar libremente dejándose llevar por la música.

▶ Realizar esculturas con material de desecho.

▶ Decidir convenciones que sirvan de apoyo a la imaginación: dos cuerdas tendidas en el suelo serán un río; un disco de cartón, el Sol; unos palos separan una casa de otra, hojas de revista en hilera forman un camino.

▶ Formar equipos, dar material para dibujar sobre una hoja grande de papel kraft. Cada equipo escoge un tema diferente para hacer un dibujo (bosque, mar, ciudad); las hojas se pegarán en las paredes. Cada niño elige un personaje para representarlo y todos caminan por el espacio. A una señal, todos corren a su dibujo (telón) y se colocan frente a él, con la postura de su personaje.

▶ Por equipos, crear una casa, un castillo, un barco, o lo que se les ocurra, utilizando cajas grandes de cartón, papeles diversos, gises y pegamento. Posteriormente, construir un pueblo o ciudad, reuniendo todo lo creado.

Utilería

Resulta muy útil recolectar objetos diversos (espejos, muñecas, utensilios del hogar, cepillos, aparatos, juguetes, palos, cuerdas) para sugerir un sinfín de juegos dramáticos. Se deben colocar al alcance de los niños para que ellos mismos escojan los más adecuados para sus representaciones, manteniéndolos limpios y en orden para no destruirlos.

Consideremos que, al introducir accesorios en una dramatización, éstos deben representar, significar o interpretar algo, además de tener una utilidad determinada.

El empleo de objetos para constituir el significado, llamados "apoyos", se clasifican en:

a. Apoyos realistas: Evocan una acción relacionada con ellos e incitan a reproducirla: el volante de un automóvil incita a conducir con él.

b. Apoyos fantásticos: Inspiran un juego que nada tienen que ver con ellos. Pero, debido a la asociación creativa, se transforman mentalmente en otros objetos, creando nuevas interpretaciones, Así, una cubeta se transforma en un sombrero de copa. Éstos favorecen más el pensamiento y resultan más atractivos y divertidos, fomentando actitudes propicias a tener concepciones flexibles acerca del mundo y de las cosas, incentivando la observación y la investigación.

Actividades

▸ Imitar oficios y la herramienta típica para realizarlos. Pueden plantearse como adivinanzas.

- ▶ Una caja contiene objetos diversos espada, varita, raqueta, flauta, lupa... A cada objeto se le asigna un personaje y se describe cómo lo usa, ¿para qué sirven?
- ▶ Pedir que inventen todos los usos posibles para un libro, un ladrillo, un sombrero de copa...
- ▶ Cada niño tiene delante un objeto. Deben tomar el objeto y darle distintas funciones mimando una acción. Añadir un personaje. Cambiar de objeto.
- ▶ Coordinar el movimiento corporal con el manejo de objetos.
- ▶ Crear objetos de uso escénico a partir de materiales de desecho. Montar un decorado con esos objetos (fusión de la escenografía y la utilería), creando un juego dramático. Seleccionar música.

Vestuario

El vestuario despierta la interioridad de los niños y los alienta a fingir actitudes. Se divide en:

a. Disfraces: Implica el esconder la verdadera personalidad del actor.
b. Vestidos: Sencillamente, ayudan a caracterizar.

Empleando ropa ya usada o sobre una base neutra (leotardo o camisa y pantalón del mismo color), podemos incorporar elementos prácticos que ayuden a motivar la imagen de determinado personaje. Un detalle preciso, característico, como unas orejas y una trompa de cartón y tela, bastarán para caracterizar a un perro; una corona de papel y una mantilla, para el rey; etcétera.

La elaboración debe ser colectiva, teniendo presente que el vestuario necesita las siguientes características: sencillez, funcionalidad (para ponérselo, quitárselo, sujetarlo...) y expresividad. Además, se debe propiciar que los niños saquen provecho de los mismos vestuarios en distintas ocasiones. Es recomendable tener al alcance muchos colores y telas ligeras para evitar que se acaloren y, sobre todo, las prendas deben estar limpias.

Actividades

- Con telas, dulces, broches, etcétera, vestir y maquillar una fruta.
- Con un pañuelo, cada niño inventará un personaje: una viejita con cabeza cubierta, un soldado herido con el brazo vendado, un vagabundo con bufanda...
- A una camiseta vieja, sellarle diferentes formas y colores.
- Caracterizar personajes con papel periódico.
- Reunir material diverso de vestuario (objetos en desuso): disfraces, ropa masculina y femenina, gorros, bolsas, pañuelos, zapatos, joyas, utensilios de juguete, narices de payaso... Caracterizar personajes.

Maquillaje y máscaras

La máscara y el maquillaje han convivido desde la antigüedad: en el teatro, las ceremonias, los carnavales, las luchas, etcétera.

En el niño, sirven como instrumento de ocultación para romper inhibiciones y bloqueos, y son un claro motivo de fantasía e invención. Imaginemos lo divertido que resulta cuando ellos mismos crean personajes fantásticos.

Pues bien, en el juego dramático, para realizar un buen maquillaje o una buena máscara, hay que estudiar el carácter del personaje.

Es necesario emplear un maquillaje que no cause alergias en la piel y sea fácil de quitar. Habrá quienes se resistan a maquillarse por temor a sus padres o, en el caso de los niños, a parecer niñas. El maquillaje puede sustituirse por elementos de disfraz, como bigotes, pelucas, lentes y telas.

La máscara es otro recurso material con el que cuenta el actor. Ayuda a caracterizar a un personaje o, por el contrario, a desaparecerlo en el anonimato de un rostro sin expresión (máscara neutra). También permite que un mismo actor interprete diversos personajes en una misma escenificación; sin embargo, no olvidemos que su empleo implica gran utilización de las expresiones verbal y corporal.

La máscara debe adosarse lo más posible a la boca del niño, procurando evitar resonancias y opacidades. Además, debe ser tan cómoda que le permita articular y respirar bien, para una correcta emisión de voz. Es importante que quede bien sujeta, para no causar incomodidades. Hay tres tipos de máscara, que se utilizarán según sea el caso:

a. Máscara media: Cubre medio rostro, excluida la boca; permite articular muy bien.

b. Máscara completa: Cubre toda la cara; requiere mucha técnica.

c. Máscara veneciana: De quita y pon con un mango; permite gran variedad de juegos.

Algunos opinan que es mejor emplear la expresividad del propio rostro; otros, el apoyo fantasioso que implica el maquillaje; y otros más, el uso de la máscara por sus valores plásticos y por ser tan prácticos al usarla en escena. De cualquier forma, es bueno experimentar con los tres recursos, huyendo de las formas realistas para acercarse a la fantasía, y utilizando formas y colores expresivos. A todo ello hay que añadir, en cada caso, los cambios de voces, gestos, lenguaje...

Actividades

▶ Crear maquillajes libres. De forma individual, por parejas, por equipos o grupal.

▶ Crear maquillajes caracterizadores de personajes tomados de cuentos, películas, cómics y caricaturas.

▶ En una caja de cartón (adecuada al tamaño de la cabeza del niño), hacer un rostro diferente en cada uno de los cuatro lados (uno de tristeza, otro de alegría, otro de agresividad y otro de miedo). Representar cada rostro con voz y movimientos corporales adecuados.

▶ Realizar máscaras con bolsas de papel para decorarlas con material libre.

▶ Realizar máscaras de cartón o cartulina, decorarlas.

▶ Realizar máscaras de papel maché. Se elabora una base y la dejamos, dejando secar, para decorarla posteriormente con material libre.

Sonorización y musicalización

Tenemos dos opciones de musicalización:

a. La que forma parte de la propia acción. Se trata de cantos o danzas, que deben estar justificados por la acción misma de la obra.

b. La música incidental, que subraya la acción en determinados momentos cruciales, permite llenar con efectividad los tiempos, marca transiciones temporales e indica el carácter significativo de la escenificación. Con ella se refuerza la expresividad, potenciando la atención de los espectadores.

Además, tenemos otro recurso: el de la sonorización. Con ella podemos dar efectos ambientales; reforzar o sustituir movimientos; crear imágenes de lugares, personajes u objetos; causar emociones; etcétera. A continuación, presentamos algunos ejemplos de lo que se puede realizar con material casero:

- Fuego: Estrujar celofán o papel aluminio
- Lluvia: Hacer rodar garbanzos en una charola metálica de un lado a otro
- Olas: Agitar con la mano el agua de una fuente o de una bañera
- Sirena de barco: Soplar dentro de una botella con agua
- Cascos de caballo: Golpear una contra otra dos cáscaras de coco
- Pasos en el bosque: Estrujar cintas magnetofónicas al ritmo de los pasos
- Avión a reacción: Se pone un secador de cabellos
- Teléfono: Hablar dentro de un vaso de plástico

Tanto en la musicalización como en la sonorización, podemos servirnos de los siguientes medios:

- *Corporales*: Chasquear la lengua, silbar, tragar, soplar, dar besos, hacer trompetillas, toser, estornudar, aplaudir, patalear...
- *Objetos variados*: Botes, tapaderas, cucharas, tapas, cañas, hojas secas...

- *Instrumentos musicales fabricados por los niños*: Maracas con latas y semillas, xilófono de botellas con agua teñida en diferentes cantidades, ligas en torno a una caja de zapatos, tambores de envases de plástico...
- *Instrumentos musicales al uso*: Tambores, claves, campanas, cascabeles, triángulos, maracas, castañuelas, tecomates, platillos, panderos...

Actividades

▶ Escuchar fragmentos musicales y distinguir los contrastes básicos: largo-corto, agudo-grave, fuerte-suave, crescendo-decrescendo.

▶ Cada niño tendrá papel y crayola. La consigna es dibujar al ritmo de una música alegre, después cambiar la hoja y poner música triste.

▶ Bailar libremente, cambiando géneros de música.

▶ Hacer ejercicios representativos variados con música: –Lleguen a las estrellas, eleven sus alas... Somos las olas del mar que se agita... Ahora, un baile de indios.

▶ Buscar y asociar ritmos a situaciones diversas: calma, tensión, misterio, alegría.

▶ Grabar una cinta con varios sonidos: timbre del teléfono, sirena de bomberos, ladrido de perro, bebé llorando, risas.

▶ Cantar acompañados con instrumentos.

▶ Hacer sonidos que recuerden algo: lluvia, timbre, disparo, ciudad, oficina, estadio de futbol...

▶ Explorar los sonidos que producen diversos objetos y asociar a cada sonido una acción o un gesto.

▶ Hacer mucho ruido, y luego, a una señal, silencio.

▶ Conocer e imitar ritmos para su posterior incorporación dramática.

▶ Hacer una radionovela.

▶ Inventar una historia a partir de varios sonidos para su posterior incorporación dramática.

Iluminación

La iluminación sirve para delimitar el espacio y, principalmente, para crear sensaciones.

Resultaría interesante visitar algún teatro donde un técnico explique como se manipula los efectos escenográficos (luz, color y forma) mientras los niños observan.

Claro está que, en clase, debemos utilizar toda nuestra creatividad para poder experimentar jugando con la luz, apoyándonos en elementos accesibles en casa o en el trabajo de los padres.

Actividades

▶ Iluminar y ocultar objetos.

▶ Iluminar objetos con diferentes colores.

▶ Seguir con focos los desplazamientos de las personas.

▶ Crear atmósferas con diferentes objetos (lámparas, papel celofán o micas de varios colores, cajas con diferentes aberturas, tiras de luz fosforescente, objetos que brillen en la oscuridad). Imaginar juegos fantásticos.

▶ Asociar efectos luminosos en situaciones reales.

▶ Apoyar la representación con efectos de luz y color.

Técnicas del teatro de muñecos

Los títeres inspiran a todos los niños a hablar sin tensión ante los demás. Les sirven para proyectarse y cómo apoyo emocional; usándolos como intermediarios, los niños se sienten libres de expresarse.

Para los niños, los títeres son juguetes; sin embargo, al dramatizar con ellos, se convierten en objetos artísticos muy significativos. En sus orígenes, eran representaciones sagradas que evocaban a algún dios.

El títere puede ser un recurso valioso para representar acciones que los actores no pueden ejecutar, como volar o quitarse la cabeza. También se deben considerar los movimientos y el tono de voz empleados para darles vida.

Existen diversas técnicas para construir y manejar títeres:

a. *De funda o guante*: Se compone de cabeza, manos y vestido. El manipulador se lo enfunda en la mano. Es el más utilizado en todo el mundo.

b. *Marioneta*: De cuerpo articulado, se maneja por medio de crucetas que sostienen los hilos.

c. *Tipo javanés*: Muñeco de varillas que se mueven de abajo hacia arriba. Puede ser planos o corpóreos.

d. *Sombras chinescas*: Figuras planas movidas por varillas, a través de una pantalla iluminada por detrás.

e. *Títere japonés*: De gran tamaño, con mecanismos internos, manejado por dos o tres personas.

f. *Muñeco ruso*: Manejado con la cabeza del manipulador.

g. *Dedicos*: Son pequeños y se manejan con cualquiera de los dedos de la mano.

h. *Muñecos electrónicos*: Con modernos y complicados mecanismos.

Cada niño fabricará su muñeco libremente, el maestro sólo propondrá la técnica. Cualquier objeto se puede convertir en títere cuando se le añaden o atribuyen rasgos: una simple cuchara puede ser un personaje; la imitación física no es imprescindible, basta La simple animación.

Actividades

Títeres con las manos

▶ Realizar títeres pintando un dedo, varios dedos o ambas manos.

▶ Lo mismo, empleado cartulina, estambre, telas...

Títeres güiñoles

▶ Realizar títeres con calcetines o guantes decorados.

▶ Realizar cabezas, que después se complementarán con una funda de tela hecha según el tamaño de la mano. Las cabezas se pueden hacer de las maneras siguientes: modelando la cabeza en plastilina y cubriéndola con papel maché; ahuecando una calabaza seca (guaje); anexando un tubo a una esfera de unicel; cubriendo un globo de papel maché y pinchándolo al secarse; cortando una pantimedia al tamaño deseado y rellenándola con delcrón. Posteriormente, las cabezas se decoran con cualquier material, para darle la expresión deseada.

Títeres planos

▶ Realizar títeres con figuras geométricas variadas, empleando grapas y varillas.

Títeres de volúmenes

▶ Realizar títeres con cajas de cualquier forma y tamaño.

- Con cualquier material de deshecho: cilindros de papel de baño, vasos, bolsas...
- Hacer marionetas con cartón, hule espuma, corcho, madera, pompones, cuerdas.

Teatrinos (montables y desmontables, para no estorbar los movimientos)

- Improvisar teatrinos: en una puerta, con una mesa, con dos sillas sosteniendo una sábana, en una ventana, etcétera.
- Realizar decorados sencillos para evitar la distracción.

capítulo 5

¡Vamos a hacer teatro con juegos líricos de la tradición oral mexicana!

¡A jugar se ha dicho!

No existe actividad que guste más a los niños que el juego, al que dedican la mayor parte del tiempo. Los niños se conocen y se hacen amigos jugando.

El juego simbólico, en el que se incluye a la dramatización infantil, es el más genuino de los juegos; en el se plasma la forma de pensar de los niños, sus experiencias gratas y desagradables con la realidad.

El juego de la tradición oral se transmite de generación en generación por medio de los adultos (abuelos, padres, maestros...), y los mismos niños comparten los que ya saben e inventan otros. Por medio de la imitación se aprende fácilmente. Cantamos las canciones sin detenernos a reflexionar en su sentido lógico, convencidos de que así son y así deben ser.

Lo interesante de este proceso (que se da en las calles, en la familia y en la escuela) es que en todo momento los niños están creando, o sea, están adecuando los juegos tradicionales de acuerdo con el gusto, las inquietudes y las necesidades contemporáneas.

En esta lírica tenemos otro factor muy importante: la gestualidad. Hay contacto físico entre los participantes (en unos casos mayor, y en otros menor), lo cual exige el uso coordinado del propio cuerpo, en donde el ritmo se adapta a la participación.

El juego, en sí, es placentero, espontáneo y voluntario, y admite que tomemos lo ficticio como verdadero y lo imaginario como real.

CANTOS

Tres pececitos

(Sinaloa)

Al noroeste de Sinaloa viven los seris, quienes se alimentan de los productos del mar. Seguramente cantaban mientras pescaban.

Tres pececitos
se fueron a nadar,
el más chiquitito
se fue con los demás.
Y un tiburón le dijo:
ven acá, ven acá...
¡no, no, no, no, no,
porque me pega mi mamá!

Características: Con gestualidad en las manos se refuerzan las palabras. Hay personajes e historia para representar.

El matrimonio del huitlacoche y la araña

(El Mirador, Jalisco)

Tengan presente, señores,
lo que les voy a cantar:
el huitlacoche y la araña
se iban a matrimoniar.

El sapo se emborrachó
y echó un grito de coraje:
"¡Mentiras, no amarga l´agua,
es por lo tierno del guaje!"

El coyote fue el padrino,
lo acompañó una chicharra
y una pobre chuparrosa
tocando una guitarra

El sapo fue por la leña
y trajo puras barañas
y la rana de coraje
le quemó hasta las pestañas.

Características: Hay varios personajes para caracterizar con
vestuario. Cada uno tiene su acción y juntos entran un conflicto.

Estaba la muerte

(Sur de Jalisco y la Huasteca)

Estaba la muerte un dibidibidi,
sentada en su escritobodobodo,
buscando papel y lápiz
para escribirle al diablo,
y el diablo le contestobodobodo
que sibidibidi, que nobodobodo.

La muerte murió de flaca
y el diablo de sarampión.
La muerte tocó la flauta
y el diablo su guitarrón.

Características: Ejercita la expresión verbal. Hay personajes e historia. ¿Cómo personificaríamos al diablo y a la muerte? Hay que buscar algo fuera de lo convencional.

La pájara pinta

Estaba la pájara pinta
sentada en su verde limón;
con el pico picaba la rama,
con la cola meneaba la flor.

¡Ay, sí!
¿Cuándo vendrá mi amor?
¡Ay, sí!
¿Cuándo vendrá mi amor?

Me arrodillo a los pies de mi amante,
me levanto con pies de constante.

Dame la mano,
dame la otra,
dame un besito que sea de tu boca.

Características: El personaje principal es una pájara pinta, pero ¿quién le canta a quién con tanto amor? En imágenes, es rica para elaborar una escenografía que proyecte la frescura que tiene esta canción.

Tres pasitos para ´cá

Tres pasitos para ´cá,
tres pasitos para ´llá,
y a girar y a girar
y a girar y a girar.
¡Cómo giran las abejas
alrededor de su panal!
Giran, giran, giran, giran,
alrededor de su panal!

Características: Los personajes forman coreografías, sólo hay que integrar la expresión corporal de las abejas.

Caballito blanco

(Michoacán)

Caballito Blanco,
sácame de aquí,
llévame a mi pueblo,
donde yo nací.

—Tengo, tengo, tengo...
—Tú no tienes nada.

—Tengo tres borregas
en una manada;
una me da leche,
otra me da lana,
y otra mantequilla
para la semana.

Características: Personajes, acciones y diálogos.

Naranja dulce, limón partido

(Puebla)

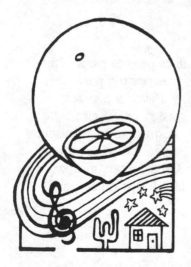

Naranja dulce, limón partido,
dame un abrazo que yo te pido.
Si fueran falsos mis juramentos,
en otro tiempo se olvidarán.
Toca la marcha, mi pecho llora,
adiós, señora, yo ya me voy
a mi casita de sololoy,
a comer tacos y no le doy.

Características: Acciones sencillas que no llevan secuencia lógica, lo que induce a imaginar situaciones fantásticas.

Mi mano

(Huasteca)

Tengo una manita
limpia y rebonita,
con cinco deditos
que son hermanitos (se hace
un puño).

Este gordinflón
es pillo y glotón (levantando
el pulgar).

Yo soy su hermanito,
muestro un caminito (levantando
el índice)

Le sigo mediano,
que ya toco el piano (levantando
el cordial).

Después picarillo,
que uso un lindo anillo (levantando el anular).

Y luego nenín,
que soy picarín (levantando el
meñique).

Y como los cinco
son buenos hermanos,
gentil ramillete
con ellos hagamos (se juntan todos
los dedos por las yemas).

Características: Reconocimiento corporal y sensibilización al tacto. Interesante para representación de títeres con la manos.

Ahí vienen los monos

(Puebla)

Los niños bailan imitando a los apaches.

Ahí vienen los monos
de Cualinchandé
y el mono más grande
se parece a usted.

Baila la costilla,
baila el costillar;
con cuidado, chata,
no se vaya a caer.

Ya vienen los monos,
vienen de Tepic
y el mono más grande
se parece a ti.

Baila la costilla,
baila el costillar;
con cuidado, chata,
no se vaya a caer.

Características: Personajes, acciones y estribillos jocosos para inventar un baile.

RONDAS

Ay Ay ahoa

(Sur de Jalisco)

Ay ay ay ay ay ay ay ahoa.
Ay ay ay ay ay ay ay ahoa.
Una mano en la cabeza y otra en la cintura,
hago un juego de copa y doy lugar a la otra.

Características: Canto y coreografía.

San Serafín

(Distrito Federal)

San Serafín del monte,
San Serafín cordero,
yo, como soy cristiano,
me hincaré
(todos los niños se hincan).

Se ponen de pie, se acuestan, se
sientan, se inclinan, se voltean...

Características: Calentamiento corporal y psicomotricidad.

El juego del pato

(Sonora)

Forman una rueda y dan vueltas caminando como patos y cantando:

Vamos a jugar
a la rueda del pato
y el que se mueva
se quita el zapato.

Todos se quedan como inmóviles y el primero que pierde se quita el zapato.

Características: Imitación de patos. Control corporal y creación de estatuas.

Las cáscaras de huevo

(Culiacán)

Que rueden, que rueden, las cáscaras de huevo.
Que rueden, que rueden, las cáscaras de huevo.

Así, así, así,
así, las planchadoras.
Así, así, así, así me gusta a mí.

Los niños imitan planchadoras, borrachitos, lavanderas, barrrenderas, viejecitos...

Características: Imitación gestual de diversos oficios.

Juan Pirulero

(Puebla)

Cada jugador escoge un instrumento musical y hace como si lo estuviera tocando. El niño que hace de Juan Pirulero se pone el meñique en la nariz; se une el pulgar con el meñique de la otra mano y mueve los dedos libres. Cuando Juan Pirulero cambia su instrumento con el de otro, éste debe tomar el de Juan Pirulero, rapídisimo, sin equivocarse y cantando:

> Éste es el juego de Juan Pirulero,
> que cada quién atienda su juego.

Características: Imitación gestual de instrumentos musicales. Concentración.

El arca de Noé

(Huasteca)

Cada niño se pone el nombre de un animal y todos cantan:

En el arca de Noé todos bailan y yo también (se detienen).
Un niño es el guía:
Guía: ¿Quieren oír cómo
hace el perro?
Quien tiene el nombre
del animal, lo imita.
Los demás: Guau, guau

Características:
Imitación corporal y verbal (onomatopyas) de animales.

Amo a mi primo

(Sur de Jalisco)

Todas la niñas cantan en ronda:

Amo a mi primo, mi primo vecino.
Amo a mi primo, mi primo Germán.
Una niña: ¡Alto la música!
Las demás: ¿Qué pasa?

La niña que detiene la canción inventa órdenes que las demás deberán ejecutar:

La niña: Que dice mi primo, mi primo vecino, que todos los niños aplaudan.

Variar: Chiflar, brincar en un solo pie, cantar...

Características: Útil como juego de transición para quitar el estrés a los niños. Sin embargo, vemos aspectos que atraerían sólo a las niñas.

La viudita

(Sonora)

Se forma la ronda con una niña en el centro. Ella es la viudita, quien tortea las manos mientras cantan:

Yo soy la viudita del barrio del rey,
me quiero casar y no hallo con quién,
contigo sí, contigo no,
contigo mi vida me casaré yo.

Se tapa los ojos y da vueltas apuntando con un dedo a los demás niños mientras canta:

Viudita: Me gusta la leche, me gusta el café,
        pero más me gustan los ojos de usted.

A quien señale será la nueva viudita. Todos deben ser viuditas alguna vez.

Características: Conflicto y personaje. Las niñas toman el rol asignado, haciendo los movimientos corporales como coreografía.

El patio de mi casa
(Distrito Federal)

El patio de mi casa es particular,
se barre y se moja como los demás.
Agáchense y vuélvanse a agachar,
las niñas bonitas se vuelven a agachar.

Los niños de la rueda se acercan poco a poco al niño del centro:

Chocolate, molinillo (hacer el movimiento de batir con las manos), chocolate molinillo, tienes cara de zorrillo.

Estiran las manos sin soltarse:

Estirar, estirar, que el demonio va a pasar.

Se estiran lo más que pueden y el diablo, de cojito, brinca y canta:

El diablo: Desde chiquitito yo quedé un poco cojito de este
        pie.

Cuando se cansa, para. El niño del centro, es el demonio ahora.

Características: Coreografía con expresión gestual. Toman el rol de diablito. Otra muestra de que la narración es rica en imágenes.

DIÁLOGOS

Mamá Cotita

(Sur de Jalisco)

Niña 1: Mamá Cotita,
     ¿me deja ir a jugar?
Niña 2: No, porque vas a barrer.

La Niña 1 debe obedecer. Se repite el diálogo, cambiando la orden por actividades como trapear, tortear, lavar, estudiar, prender la lumbre y hacer la comida...

Características: Mamá Cotita asume una personalidad fuerte y, en contraste, la Niña 1 se comporta sumisa (y puede ir enfadándose progresivamente). El juego corresponde a la imitación de las acciones indicadas.

Don Juan, don Juan

Los niños se toman de las manos formando un semicírculo. Los dos que encabezan los extremos entablan el diálogo:

Niño 1: ¡Don Juan, don Juan!
Niño 2: Señor, señor.

Niño 1: ¿Cuántos panecitos hay en el horno?
Niño 2: Veinte y un quemado.
Niño 1: ¿Quién lo quemó?
Niño 2: La perrita traidora.
Niño 1: ¡Pues prenda, prenda por traidora a esa pícara ladrona!

Después del diálogo, el Niño 1 avanza y pasa por debajo del arco que formará el Niño 2 al levantar los brazos. Pasa toda la hilera.

Niño 2: Por ahí vienen los moros.
Niño 1: ¿Qué hacemos?
Niño 2: ¡Tirarnos al mar!

Se sueltan todos y echan a correr.

Características: Vamos a darle personalidad a Don Juan y al Niño 2. Hay un conflicto sencillo que se puede enriquecer con la llegada de los Moros.

Venimos de Veracruz

(Huasteca)

Los niños forman dos grupos que se colocan en hileras, colocándose una frente a la otra. Cantan primero los de una hilera y luego contestan los de la otra:

Grupo 1: Venimos, venimos de Veracruz, de Veracruz.
Grupo 2: ¿Qué señas traen, qué señas traen?
Grupo 1: Las mismas del otro día, del otro día.
Grupo 2: ¿Cuáles son, cuáles son?
Grupo 1: Es una cosita así (hacen la seña) roja y muy brillante.
Grupo 2: Manzana.
Grupo 1: Sí.

Los que contestan deben tratar de adivinar qué fruta es la que están describiendo.

Características: Gestualmente (con rostro, manos y todo el cuerpo), se delimita en el espacio la forma del objeto por adivinar. Además, se enriquece la expresión verbal al buscar las palabras adecuadas para describir el objeto en cuesptión.

El rey mudo

Un niño es el Rey, los demás seleccionan un trabajo. Le dicen al Rey:

Todos: Oh, rey mudo, yo te saludo vendiendo menudo.
El Rey: ¿De dónde vienen?
Todos: Uh, de allá.
El Rey: ¿A dónde van?
Todos: Uh, para allá.
El Rey: ¿En qué trabajan?

Los niños hacen la mímica del trabajo que habían seleccionado. Si adivina, los corretea. Al que alcance será el nuevo Rey.

Características: Un niño asume el rol del Rey, quien debe adivinar los oficios que los demás niños representan corporalmente, para acabar con una corretiza que los emocionará a todos.

La hortaliza

Cada niño adopta el nombre de una planta de hortaliza. Un niño es el Juez:

Juez: Yo iba a comprar una
      hortaliza y no tenía
      cilantro.

El niño-cilantro contesta:

Cilantro: Sí tenía cilantro, lo que no
      tenía era cebolla.

El niño-cebolla responde:

Cebolla: Sí tenía cebolla,
      lo que no tenía
      era zanahoria.

En el caso de que un niño
se tarde en contestar, se le
saca del juego diciéndole,
según la verdura que sea:

Todos: La cebolla que se vaya
      a llorar

O: El jitomate que se vaya a hacer
      su salsa.

Y los niños harán la mímica que les corresponde.

    Características: Un niño asume el rol de Juez y, los demás, los roles de Verduras. Es importante utilizar la creatividad para representar corporalmente una verdura determinada y, además, ingeniar una manera propia de hablar. El juego concluye con la representación de la orden que se ha impuesto.

Las cebollitas

(Sonora)

El niño más grande se coloca en el suelo agarrado de un poste, y los demás tras él tomándose por la cintura unos a otros. Elegir al Vendedor y al Comprador:

Vendedor: ¿Qué desea usted señor?
Comprador: Quiero comprar unas cebollitas.

Vendedor: ¿Cómo las quiere usted: grandes, gordas o chicas?
Comprador: Las quiero gordas.
Vendedor: Aquí están, puede cortar la que usted guste.

El Vendedor intenta cortar la Cebollita y jala al primer niño de la fila hasta despegarlo, continuando hasta que logra cortar a todas las Cebollitas.

Características: Tenemos los roles de Vendedor y Comprador. Los demás niños deben crear a las Cebollitas animadas.

La gallina ciega

Un niño es la Gallina y se le vendan los ojos. Los demás le preguntan:

Todos: ¿Quieres carnitas o chicharrones?

Si dice "carnitas", los niños no harán ruido; si contesta "chicharrones", sí.

Un niño: ¿Qué pepenas?
Gallina: Matatenas.
Mismo niño: ¿Qué recoges?
Gallina: Tejocotes.
Mismo niño: Date la vuelta y a que no me coges.

Lo intentará. El atrapado es la nueva Gallina.

Características: Una variante, muy ingeniosa, del tradicional juego de la Gallinita ciega pero, en este caso, con diálogo. La Gallina, además de cumplir las reglas del juego, debe recrear su personaje con expresión corporal y verbal.

Las macetitas

Una niña es la Dueña de las macetas y otra es su Comadre; los demás son las Macetas. La Comadre se las roba, las pone en su casa como muebles y les pone nombre como mesa, tocador. etcétera. Las niñas deben adoptar la postura correspondiente.

Dueña: ¿Quién se está robando mis macetas?

Va con la Comadre y le dice:

Dueña: Comadre, vengo a preguntar por mis macetas. Ya pregunté por todo el rancho y no están.

Comadre: Mire, mi esposo me acaba de comprar muebles Pase para que los vea.

La Dueña pasa. Ella sabe que si los muebles se ríen son sus Macetas. Por ejemplo, se sienta en la niña que hace de silla, y si ésta se ríe, es que es de ella. Es la manera de recuperar sus Macetas. Ya en casa, la Dueña les dice:

Dueña: Miren lo que les trajo su papá.

Les pega en las nalgas, todas salen llorando y la Dueña las tiene que atrapar.

Características: tanto la Dueña como la Comadre representan un personaje. Las Macetas crean un objeto animado con su cuerpo y expresiones verbales.

El diablo y la monja

(Sonora)

Formando una ronda, un niño, quien será el Diablo, queda afuera, y otro permanece adentro, el que será la Monja. Los demás cantan:

Todos: ¡Puertas libres para el Diablo y la Monja!

El Diablo quiere soltar las manos a los jugadores y pregunta:

Diablo: ¿De qué están hechas estas cadenas?
Todos: De oro, plata y cobre.
Diablo: ¿A que las rompo?
Todos: ¡A que no!
Diablo: ¡A que sí!
Todos: ¡A que no!

Cuando está a punto de romper las cadenas, la Monja sale por otro lado y corre. El Diablo la corretea, alrededor de la rueda, los demás de pronto gritan.

Todos: ¡Puertas libres para la Monja!

La Monja entra y se salva. Si es atrapada, escogen a otros dos niños.

Características: Variante de Doña Blanca. ¿Cómo hablaría y se movería el Diablo? ¿y la Monja? Los demás personajes, ¿qué son? ¿qué actitud tomarían ante los personajes? Hay un conflicto presente en varios juegos: el de la persecución.

Pájaro vuelve a tu jaula
(Altos de Jalisco)

Un niño es el Vendedor, otro el Comprador. Los demás son los Pájaros y adoptan un nombre: gorrión, cenzontle, golondrina, pistamalero, perico, guacamaya.

Comprador: ¡Tan tan!
Vendedor: ¿Quién es?
Comprador: La vieja Inés.
Vendedor: ¿Quién toca?
Comprador: La vieja loca.

Vendedor: Pase con sus gustos.
Comprador: Oiga, ¿no vio pasar
                    un pajarito por acá?
Vendedor: De qué estilo.
Comprador: Guacamaya. ¿Cuánto?
Vendedor: Diez.

El Comprador paga la cantidad golpeando la palma de la mano del Vendedor. El Pájaro elegido se echa a correr y el Comprador a perseguirlo, antes de que regrese a su jaula.

Características: Lo interesante de este juego es que cada niño tiene que imitar a un pájaro en particular. Hay que hacer notar la diferencia entre el movimiento corporal y la entonación fónica de, por ejemplo, un perico y un gorrión.

Zum-zum de la calavera

(Yucatán)

Todos, menos un niño, forman una rueda y se ponen las manos en la espalda. Ese niño corre alrededor de la rueda con una varita en la mano diciendo:

Niño 1: Zum-zum, zum-zum de la calavera, al que se duerma le doy una pera.

Deja caer la varita detrás de un niño, con quien entablará el siguiente diálogo:

Niño 1: ¡Martinejo!
Niño 2: ¡Señor viejo!
Niño 1: ¿Y las mulas?
Niño 2: En el campo.

Niño 1: ¿Quién las cuida?
Niño 2: El caporal.
Niño 1: ¿Por qué no las cuidas tú?
Niño 2: Porque no me diste pan.
Niño 1: ¿El pan que te di?
Niño 2: Me lo comí.
Niño 1: ¿Si más te diera?
Niño 2: Más comiera.
Niño 1: ¿Y el huevito?
Niño 2: En el hoyito.
Niño 1: ¿Y la sal?
Niño 2: ¡En su santísimo lugar!

Ambos corren en direcciones opuestas alrededor del círculo y tratan de ocupar el lugar vacío. El que pierde volverá a decir el Zum-zum de la calavera.

Características: Martinejo es un anciano y el otro personaje es un pícaro. Secuencia de breves diálogos que ayudarán a ejercitar la memorización.

An guanté

(Sur de Jalisco)

Se forman dos grupos, los cuales se colocan en hileras una frente a la otra.

Grupo 1: An guanté, matarile-rile-rile, an guanté matarile-rile-ró.

Grupo 2: ¿Qué quiere usted? matarile-rile-rile, ¿qué quiere usted? matarile-rile-ró.

Grupo 1: Quiero un panqué matarile-rile-rile, quiero un pan qué matarile-rile-ró.

Grupo 2: Escoja usted matarile-rile-rile, escoja usted mata rile-rile-ró.

Grupo 1: Escogemos a (nombre del niño/a) matarile-rile-rile, escogemos a (nombre) matarile-rile-ró.

Grupo 2: ¿Qué oficio le pondremos? matarile-rile-rile, ¿qué oficio le pondremos? matarile-rile-ró.

Grupo 1: Le pondremos (apodo) matarile-rile-rile, le pondre mos (apodo) matarile-rile-ró.

Grupo 2: Ese oficio no le gusta matarile-rile-rile, ese oficio no le gusta matarile-rile-ró.

Grupo 1: Le pondremos (apodo) matarile-rile-rile, le pondre mos (apodo) matarile-rile-ró.

Grupo 2: Ese oficio sí le gusta matarile-rile-rile, ese oficio sí le gusta matarile-rile-ró.

El niño elegido pasa al otro bando. Todos cantan:

Celebremos todos juntos
la llegada de esta niña,
mataremos un puerquito
y comeremos chicharrón,
y a las doce de la noche
nos daremos un sentón.

Características: ¿De qué personajes se compone cada grupo? ¿Qué es lo que quieren? Los apodos pueden asociarse con aspectos graciosos de cada niño, sin llegar a la burla.

Hilitos de oro

El Emisario del rey llega brincando de cojito:

Emisario: Hilitos, hilitos de oro, que se me vienen quebrando, que me manda decir el rey que, ¿cuántas hijas teneis?

Padre: ¡Qué tenga las que tuviera, que nada le importa al rey!

Emisario: Ya me voy desconsolado, a darle la queja al rey.

Padre: Vuelva, vuelva caballero, no sea tan descortés. De las hijas que yo tengo, escoja la más mujer.

Emisario: No la escojo por bonita, ni tampoco por mujer, yo escojo una linda Rosa, acabada de nacer.

Quien responde es el papá de la niña. Al entregarla, dos Pajes, tomándose de las manos, le hacen sillita para que ella no camine. Y los demás cantan:

No me la siente en el suelo,
siéntemela en una mesa,
que, aunque la vea pobrecita,
es hija de una princesa.

No me la siente en el suelo,
siéntemela en una silla,
que, aunque la vea usted humilde,
es la reina de la villa.

No me la siente en el suelo,
siéntemela en un sillón,
que, aunque la vea muy rotita,
tiene de oro el corazón.

Cuando se la llevan, se corea mientras la pasean:

Sillita de oro para el mozo,
sillita de oropel para su mujer.

La sueltan hasta que se cansan.

Características: Personajes y argumento, perfecto para escenificar.

PALMADAS

Estos juegos atraen sólo a las niñas. Sin embargo, no está de más incluirlos, pues casi siempre se componen de movimientos gestuales.

Cuando era niña

(Yucatán)

Las niñas representan con gestos de las manos lo que cantan en los versos finales.

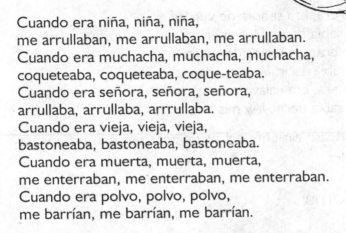

Cuando era niña, niña, niña,
me arrullaban, me arrullaban, me arrullaban.
Cuando era muchacha, muchacha, muchacha,
coqueteaba, coqueteaba, coque-teaba.
Cuando era señora, señora, señora,
arrullaba, arrullaba, arrrullaba.
Cuando era vieja, vieja, vieja,
bastoneaba, bastoneaba, bastoneaba.
Cuando era muerta, muerta, muerta,
me enterraban, me enterraban, me enterraban.
Cuando era polvo, polvo, polvo,
me barrían, me barrían, me barrían.

Características: Buena representación progresiva de cada ciclo de la vida. Completar con entonación verbal.

Cuando era bebita

(Jalisco)

Cuando yo era, era bebita de verdad,
solamente sabía decir: ¡Agugutata!
Cuando yo era, era niña de verdad,
solamente sabía decir: ¡Ay mis trenzas!
Cuando yo era, era señorita de verdad,
solamente sabía decir: ¡Ay los hombres!

Cuando yo era, era señora de verdad,
solamente sabía decir: ¡A comer!
Cuando yo era, era viejita de verdad,
solamente sabía decir: ¡Ay mis arrugas!
Cuando yo era, era calavera de verdad,
solamente sabía decir: ¡Ay mis huesos!

Características: Variante del juego anterior, con las mismas posibilidades.

Una paloma

(Sonora)

Una paloma,
punto y coma,
que dejó su nido,
punto y seguido,

que se fue pa' Marte,
punto y aparte,
pobre animal,
punto final.

Características: Podemos crear un argumento, inventando más personajes.

Anoche fui al baile

(Sonora)

Anoche fui al baile
mi novio me besó,
le dije igüero chulo!
mi hermana se enojó.

Mi hermana tuvo un bebé,
la bruja lo mató,
lo hizo picadillo,
con sal y limón,
el que abra la boca se lo comió.

El primero que abra la boca sale del juego y entra otro niño.

    Características: Tenemos varios personajes: la muchacha traviesa, el novio chulo, la hermana enojona, el bebé y la bruja matona.

Estaba la muerte

(Sur de Jalisco)

Estaba la muerte
sentada en un taburete;
los muchachos, de traviesos,
le tumbaron el bonete.

Estaba la media muerte
sentada en un carrizal,
comiendo tortillas duras
para poder engordar.

Calavera, vete al monte.
No, señora, porque espanto.

Por aquí pasa la muerte
con su agujita y su dedal,
remendando sus nagüitas
para el día del carnaval.

Características: ¡Qué tal una escenificación con esta canción!

Marinero

(Huasteca)

Marinero que se fue a la mar y mar y mar,
a ver qué podía ver y ver y ver,
y lo único que pudo ver y ver y ver,
fue el fondo de la mar y mar y mar.

Características: Juego muy conocido por las niñas, así como los movimientos gestuales que se realizan en él. Buen medio para ejercitar movimientos corporales en secuencia.

Aviso al público

Aviso al público
de la república
que el agua pública
se va a acabar.

Para que el público
de la república
lleve agua pública
del manantial.

Características: Inventando gestos y cantando los versos con ritmo, podemos integrar el cuerpo a la pronunciación de las palabras.

Me subo a la torre

(Sur de Jalisco)

Me subo a la torre,
toco la campana,
quiero una botella,
el padre me regaña
y yo le contesto así:
chiviriviri porompompón.

Al decir "porompompón", uno a otro tratan de picarse el ombligo.

Características: Es un conflicto muy sencillo. Pero ¿qué personaje será quien quiere la botella?, ¿qué tiene la botella?, ¿por qué le contesta así al padre?

¿Quieres que te cuente un cuento?

(Sur de Jalisco)

¿Quieres que te cuente un cuento?
Virendo, virendo, de pico, pico, rendo,
de pompa virón.

Era una señora virola, virola,
tenía a sus dos hijas virolas, virolas,
una va al trabajo, trabajo, trabajo,
otra va al estudio, estudio, estudio,
y aquí se acaba el cuento virendo, virendo.

Características: Ejercita la articulación. Una historia sencilla, con personajes que pueden resultar muy graciosos e interesantes.

Mi madrina

Mi madrina María
se puso amarilla
cuando mi padrino
la encontró bailando,

regando polilla,
con un viejo ñango,
ñango, ñango,
un alegre tango.

Bailaba y bailaba
y no se cansaba,
mientras el disco
giraba y giraba

En "bailaba y bailaba", se toman de las manos y mueven los pies. En "giraba y giraba" dan una vuelta y terminan aplaudiendo.

Características: Reacciones en los personajes: la sorpresa y la vergüenza de la Madrina, el enojo del Padrino y la probable borrachera del Viejo ñango.

PARA CORRETEAR

Milano

(Yucatán)

Un niño es Milano y se esconde. Los demás niños forman una ronda, cantando:

Milano no está aquí, está en su vergel,
abriendo la rosa y cerrando el clavel.
Vamos a dar la vuelta al toro, toronjil,

a ver a Milano comiendo perejil.
¿Qué está haciendo Milano?

Milano contesta con una acción. Después se vuelve a cantar, y Milano va respondiendo según la siguiente secuencia:

1. Se está bañando.
2. Se está secando.
3. Se está vistiendo.
4. Se está peinando.
5. Está buscando las llaves.
6. Está abriendo la puerta. ¡A'i viene!

Características: ¿Milano será como el Lobo en el bosque? Mejor inventemos otro personaje con él. Las acciones con las que responde deben mimarse.

La ronda del sapo

Formar una ronda; un niño es el centro es el Sapo. Cantan girando: una estrofa cuando van a la derecha y otra estrofa cuando van a la izquierda:

Salió el sapo a cantar,
a cantar a la orilla del agua,
y unos mosquitos salieron
a rondar, a rondar.

El sapo se molestaba,
los mosquitos se alegraban
porque seguían cantando:
"a bailar, a bailar, a bailar",
y los mosquitos cantaban:
"a bailar, a bailar"

Mientras más vueltas le daban,
el sapo más se mareaba
y los moscos platicaban:
"a cantar, a cantar, a cantar".

Y entonces el baile
lo hizo enojar,
y a todos los moscos
se puso a tragar.

El Sapo atrapa a los demás. El atrapado es el nuevo Sapo.
También se puede cambiar de velocidad, de rápido a lento.

Características: Nuestro personaje central es el Sapo
(que de cantarín pasa a enojón), pero ahora se nos indica
que todos los demás son mosquitos y tienen mucha actividad, pues ruedan, saltan y cantan, hasta que el Sapo se los
traga. ¿Cómo representaríamos visualmente esta última
acción?

Los ratones y el gato

Un niño es el Gato, quien pone un pedazo de queso (un
pañuelo o pedazo de tela) en el suelo y lo vigila. Los Ratones
tratan de quitárselo y, cuando lo logran, se echan a correr.
Huyendo del Gato, se pasan el objeto de mano en mano,
cantando:

Seis, seis, seiscientos ochenta y seis,
arriba los ratones con su queso,
con su tínguili, tínguili,
con su tóngolo, tóngolo, tóngolo,
tu ma, tu ma, tu máquina de coser,
se me, se me, se me
descompuso ayer,
la tu, la tu, la tuve que componer,
gracias, hijita, por ese quehacer.

El Ratón que pierda el queso será el nuevo Gato.

Características: Los niños imitarán a los Ratones y al Gato, procurando correr como lo hacen estos animales. Los versos no tienen mucha relación entre sí, pero podemos enriquecer una dramatización con nuestra creatividad.

El trabaladeras

(Sinaloa)

Formar ronda, con un niño al centro que es el Trabaladeras. Cantar:

El Trabaladeras llegó
tas, tas, tas, tas,
dicen que en el monte se perdió
tas, tas, tas, tas,
y con nadie se topó
tas, tas, tas, tas.
que un perico verde le chifló
tas, tas, tas, tas,

el mapache le gruñó
tas, tas, tas, tas,
y corriendo del monte se alejó

tas, tas, tas, tas,
y del miedo se murió
tas, tas, tas, tas,

Después de cada verso, todos dan cuatro palmadas o zapateados, que pueden ser combinados. Cuando se menciona un animal, se imita el sonido que hace. Cuando terminan la canción, todos corren y el Trabaladeras intenta atrapar a uno, quien será el nuevo Trabaladeras.

Características: Al imitar el sonido de los animales, activamos la expresión verbal. Al escenificarlo, tenemos que crear al personaje del Trabaladeras, que a primera lectura no tenemos ni idea de qué o cómo es. Además, hay que ambientar el lugar, pues ¿cómo es el monte que causa tanto miedo?

La bruja Cucupilla

(Rumorosa, en Baja California Norte)

Formar ronda con un niño al centro que será la Bruja y cantar.

A la Bruja Cucupilla
yo la quiero conocer,
porque dicen que es muy pilla
y eso yo lo quiero ver.
¡Tralarala, tralará!
¡Tralarala, tralará!
Que a los niños los transforma

en conejos y en ratón,
que se come hasta los huesos
y las tripas de pilón.
¡Tralarala, tralará!
¡Tralarala, tralará!

Tiene patas de perico,
ojo y trompa de tejón,
es su voz de merolico
y su melena de león.
¡Tralarala, tralará!
¡Tralarala, tralará!

Se sueltan y corren, la nueva Bruja será el niño atrapado.

Características: Por un aspecto físico, sería interesante vestir y maquillar a la Bruja. Y, al escuchar que a los niños los transforma en animales y se lo come, ¿qué imagen nos suscita?

Cinco ratoncitos

Un niño es el Gato y se coloca en un extremo del espacio de juego. Los niños forman una ronda y cantan, representando gestualmente lo que dice la canción:

Cinco ratoncitos
de colita gris
mueven las orejas,
mueven la nariz.

Uno, dos, tres, cuatro,
córrele al rincón
porque viene el gato
a comer ratón.

Características: Es un juego que tiene mucha efectividad con los niños de preescolar, pues realmente se emocionan al creerse tiernos Ratones y ser perseguidos por un malvado Gato.

OTROS

La batalla del calentamiento

Los niños se colocan en hilera y cantan:

Esta es la batalla del calentamiento,
habría que ver la fuerza del jinete:
¡Jinete, a la carga!
Con una mano (todos mueven la mano).

Se repite la canción, añadiendo cada vez una parte del cuerpo que se debe mover, en la siguiente secuencia: con una mano, con la otra, con un pie, con el otro, con la cabeza, con la lengua, con los ojos.

Características: Además, de que se ejercita al cuerpo, se ejercita la memoria, ya que los movimientos son acumulativos.

El nahual

(Aguascalientes)

A la víbora, víbora,
de la mar, de la mar,
por aquí pasa el nahual
con sus alas de petate
y sus ojos de comal.

Características: ¿Cómo vestiríamos y maquillaríamos al nagual? Otra muestra de palabras ingeniosas para trabajar creativamente.

Riqui ran

(Puebla)

Para subir y bajar a los bebés, sentados en las piernas y tomados de las manos de su madre, que canta:

Riqui rin, riqui ran,
los maderos de San Juan,
piden pan, no les dan,
piden queso, les dan un hueso,
se les atora en el pescuezo.

Al decir "se les atora", les hacen cosquillas en el gañotito.

Características: Una canción conocida por todos, se canta a los más pequeños. Podemos imaginar variadísimas versiones de lo que ocurriría con esta canción si le inventamos un argumento.

La flor

(Sur de Jalisco)

Varias niñas, unas hincadas y otras paradas, son los Pétalos que rodean a otra niña, que será el centro de la Flor. Le agarran la punta del vestido para formar los pétalos. Otra niña da vueltas alrededor de la rueda y canta:

Ángel de oro,
florecita de vergel,
que de Francia ha venido
una niña por tu bien.

Ésta no la quiero por fea y piojosa.
Ésta me la llevo por linda y hermosa,
parece una rosa acabada de nacer.

Saca al Pétalo que le quede más cerca y se la lleva. La Flor y sus hijas responden:

Vieja botijona,
¿por qué se lleva a mi hija,
cómo no se lleva una lagartija?

Así se lleva a todas; al final, llora la Flor:

Flor: ¡Ay, mis hijos! ¡Ay, mis hijos!

Características: ¿Acaso no tiene los elementos necesarios para dramatizarlo? Hay una coreografía definida, en donde se mezcla canto y diálogo.

Cucuruchá

(Huasteca)

Éste es uno de esos juegos en los que la memoria es el eje principal:

Éste es Cucuruchá.
Éste es el castillo de Cucuruchá.

Ésta es la puerta del castillo de Cucuruchá.
Ésta es la llave de la puerta del castillo de Cucuruchá.
Éste es el cordón de la llave de la puerta de Cucucruchá.
Éste es el ratón que royó el cordón de la llave de la puerta de Cucucruchá.
Éste es el gato que se comió al ratón que royó el cordón de la llave de la puerta de Cucucruchá.
Éste es el perro que correteó al gato que se comió al ratón que royó el cordón de la llave de la puerta de Cucucruchá.

A medida que se juegue, representar con las manos lo que se va diciendo.

Características: Tenemos presentes casi todos los elementos dramáticos: personajes, conflicto, espacio y tiempo (pasado); ahora, hay que caracterizar a Cucuruchá y construir el argumento.

Víbora de la mar

(Altos de Jalisco)

Dos niños, Melón y Sandía, se colocan frente a frente, haciendo casita, tomándose de las manos y alzando los brazos. Los demás, hacen una fila y van pasando por entre la casita:

Víbora, víbora,
de la mar, de la mar,
por aquí pueden pasar.
Una niña de quince años,
¿cuál sera?, ¿cuál será?,
la de adelante o la de atrás.
La de adelante corre mucho,
la de atrás se quedará.

Linda mexicana
que frutas vendías,
ciruela, chabacano,
melón o sandía.
Las casas caídas
mandadlas componer,
con cáscaras de huevo
y pedazos de oropel.

Manzanita de oro
déjame pasar
con todos mis hijos
menos el de atrás, tras, tras.
Será melón, será sandía,
será la vieja del otro día.
Será melón, será papaya,
será la vieja de la metralla.

Melón y Sandía bajan los brazos, atrapando a alguien. Le preguntan:

Melón y sandía: ¿Con quién te vas,
              con melón o con sandía?
Niño atrapado: Con sandía.
Sandía: Con sandía, atrás de mí.

Y se coloca detrás de sandía. El juego termina cuando se termina la fila.

Características: Ya hemos señalado la riqueza lírica de los versos que no llevan mucha relación lógica unos con otros, lo que da un rico material para imaginar y crear situaciones dramáticas.

Capítulo 6

¡Vamos a hacer teatro con narrativa y versificación de la tradición oral mexicana!

¿Me cuentas un cuento...?

Los cuentos y los versos siempre han estado en boca de quienes habitan en las comunidades rurales de México; su impacto ha sido semejante al que hoy tiene la televisión en las ciudades.

Además, ayudan a conocer y a valorar aspectos de la vida cotidiana de cada región, así que tienen un valor histórico muy particular. El cuento tradicional es anónimo, porque nadie sabe quién lo contó primero.

Los relatos orales, adivinanzas, refranes, coplas y traba-lenguas, (contados por la abuelita, el vecino o el señor de la tienda), se transmiten de generación en generación, de manera espontánea, para enseñarnos, aconsejarnos, repren-dernos o simplemente para pasar el rato.

El chiste es contar las cosas con color, sabor, movimien-to, textura y músicalidad, como si creáramos una película con las palabras que han sido aprendidas de oídas.

Hay cosas tan simples, pero tan vitales, como los olores de la naturaleza, el sonido de la lluvia, la sensación de un día soleado, el sabor del pozole acabado de sazonar, el color de una manzana madura, los misteriosos sonidos en la noche... Todas ellas son mencionadas en la tradición oral, y la tarea del que la transmite es hacer que su público las sienta.

Ahora, presentamos algunos consejos para que la narrativa e, incluso, la versificación oral, funcionen como estimulantes puntos de partida para hacer teatro con los niños. El/la profesor/a debe:

- Enseñarles el material a los niños cuando estén dispuestos a escuchar.
- Imaginarse a los personajes, hablar y moverse como lo ha-rían ellos.
- Mantener la relación con los niños: platicar, explicar, motivar, preguntar...
- Hacer como si se encontraran en el mismo lugar de la historia (4).

Ahora, los niños deben:

- Contar el relato, lo que entendieron y sintieron.
- Quitar o agregar: personajes, pasajes, detalles, frases, palabras...
- Escoger a su personaje. En caso de que varios quieran hacerla de rey, pero sólo haya uno, podemos decidir que, en lugar de un rey, sean dos, en lugar de una princesa, cinco princesas...
- Podemos inventar un cuento nuevo con los mismos personajes.
- Resultaría divertido cambiar el carácter de los personajes: que los malos sean buenos y los buenos sean malos.
- Si los niños se atoran, el profesor apoyará como narrador.

CUENTO
Cuando el zorro probó las tunas

El zorro encontró al conejo sobre un nopal, comiendo tunas.

—¡Vaya, no me lo esperaba! —exclamó el zorro sin disimular su alegría. —Ya tengo asegurado mi almuerzo.

—¿Qué te hice, hermano, para que vengas con esa amenaza? —contestó el conejo.

—No es amenaza. Apenas bajes de ahí te voy a comer, por las veces que me has engañado.

—Entonces tendrás que esperar un poco, hermano. Estas tunas están muy sabrosas y, por ahora, no pienso bajarme —dijo el conejo y pe-ló otra tuna.

Al zorro se le hacía agua la boca.

—Nunca había comido esa fruta, pero parece ser cosa buena. ¿Son en verdad muy sabrosas? —quiso asegurarse el zorro.

—Claro, hermano. No sabes de lo que te pierdes.

—¿Me podrías dar una para probar?

—Por supuesto, hermano zorro —dijo el conejo, deseoso de obtener su perdón.

Peló otra tuna y le dijo:

—Aquí está, hermano. Abre la boca.

El zorro se sentó sobre sus patas y abrió grande la boca. El conejo estiró la mano y soltó en ella la tuna. Al zorro le pareció un manjar. Mientras la saboreaba, se distrajo del conejo.

—Aquí te tengo otra, hermano zorro.

—Bueno, dámela —mandó el zorro, dispuesto a darse una buena panzada con esas frutas y después comerse al conejo.

Abrió grande la boca y el conejo arrojó con fuerza esa tuna con espinas, que fue a encajarse en la garganta del zorro. Éste se puso a gritar y luego a revolcarse.

El conejo aprovechó para brincar del nopal y salir corriendo. Hasta la noche estuvo el zorro quitándose las espinas de la garganta y se prometió, una vez más, vengarse del conejo. Al día siguiente fue a buscarlo por los campos pero anduvo mucho sin encontrarlo.

Características:

Personajes: El conejo astuto y el zorro hambriento. Para que todos participen, pueden ser varios conejos y varios zorros; o incluir otros de animalillos del desierto, como: la serpiente, el zopilote, la araña...

Conflicto: El astuto conejo se libera de ser devorado por el hambriento zorro.

Espacio: El desierto. Varios niños pueden disfrazarse de plantas del desierto.

Tiempo: Cuento lineal que, por fantasioso, puede referirse a cualquier época.

La hormiguita

Era una vez una hormiguita muy trabajadora. Barriendo el portal un día, se encontró una reluciente moneda de dos centavos y dio un brinco de contento. –¿Qué me compraré? –pensó. –Si compro pan y queso, o dulces o fruta, me lo comeré todo y me quedaré sin nada. ¿Qué haré?

Pensó largo rato y luego saltó feliz:

—Ya sé. Me compraré un ajuar completo, me arreglaré, buscaré novio y me casaré.

En pocas horas se asomó chula al balcón, esperando el paso del mejor novio para ella. Y no tardaron en aparecer. Primero se detuvo un enorme toro:

—Linda Hormiguita, ¿te casarías conmigo? –le dijo.

—¿Cómo roncas de noche?–, preguntó Hormiguita, a lo que Toro replicó:

—Muuuuu, muuuuu, muuuuu.

—No, Toro, no puedo aceptarte –habló la Hormiga. –No me dejarías dormir.

Don Perro pasó luego, me-neando alegremente la cola. Al ver a Hormiguita, le brillaron los ojos y dijo:

—Hermosa Hormiguita, ¿te casarías conmigo?

—¿Roncas tú de noche? –preguntó, curiosa, Hormiguita.

—Pues sí –habló don Perro. –Sólo ladro y digo: gua, gua, gua.

—¡Uy!, haces mucho ruido. Me espantarías el sueño y yo tengo que madrugar. No puedo casarme contigo –fue la respuesta.

Siguió Bigotes, el gato, con su miau, miau, miau, y don Pato, con su cuac, cuac. A ninguno aceptó la Hormiguita, hasta que apareció Ratón Pérez, desde el chiflido con que le hizo piropo, le gustó. Su ronquido fue: iiii, iiii, quedo, no fuerte, y desde luego Hormiga lo aceptó.

Fueron felices muchos días, aunque Ratón Pérez no trabajara y solamente comiera con muchas ganas después del casorio, hasta el día en que Hormiguita dejó al Ratón cuidando una olla de frijoles.

—Mueves la olla con una cuchara de palo, para que no se quemen los frijoles. Volveré pronto —le dijo.

Al entrar en buen hervor los frijoles, le olieron ¡rico! a Ratón Pérez y, olvidando la cuchara, por pescar una cebolla, se cayó dentro de la olla y allí terminaron sus días felices. Hormiguita regresó y su desconsuelo fue grande al encontrar muerto al Ratón. Lloró triste su pena y, ante la pregunta de cada vecino:

—¿Por qué lloras, Hormiguita?, —contestó ella:

—Porque Ratón Pérez se cayó a la olla por comerse la cebolla... Por eso Hormiguita lo siente y lo llora.

Características

Personajes: Hormiguita, el señor Toro, don Perro, Gato Bigotes, don Pato, Ratón Pérez y varios vecinos (animales elegidos por los niños, según al que quieran representar).

Conflicto: Hormiguita, quien luce hermosa, busca marido y varios animales la cortejan. El Ratón Pérez logra ser su esposo, pero sólo se dedica a glotonear y, por ello, sufre un accidente y muere.

Espacio: El portal, el balcón y la cocina de Hormiguita. Hay que ingeniárselas en la escenografía, pues la olla debe dar la sensación de ser más grande que Ratón Pérez.

Tiempo: El cuento lleva una continuidad lineal. No hay época definida, lo cual nos da la libertad de esmerarnos en el ajuar de Hormiguita y en la galantería de los pretendientes.

El traje del armadillo

(Santiago Textitlán, Oaxaca)

Hace muchísimos años, el armadillo tenía una piel tan delgadita que apenas lo protegía del frío de la noche. Al primer manto de sereno que le caía en la espalda, se sentía entumecido. Para él era un sufrimiento no tener un buen traje encima, y se puso

a pensar en cómo elaborar uno que le sirviera todo el tiempo, porque, como dice el refrán, "el golpe enseña al jinete".

Entonces, el industrioso animal se puso a tejer su traje con mucho esmero para que le saliera muy fino. Llevaba 15 días tejiéndolo, cuando recibió la invitación de su compadre el tlacuache para que fuera a la boda de su ahijada.

Como el traje estaba todavía muy atrasado, empezó a hacerle puntadas grandes para así acabar más pronto. Ya casi para llegar a la colita, volvió a tejer fino.

Se había tardado tanto en tejerlo, que su traje acabó todo sucio y pensó:

—¿Cómo puedo presentarme a la boda con este traje tan sucio? Pero ya no me da tiempo de lavarlo. No tendré más remedio que ponérmelo así.

Se vistió y se fue a la boda. A medio camino empezó a llover a cántaros. El aguacero lavó el traje, el sol lo secó y el armadillo llegó muy alegre a la boda en lo mero bueno, cuando estaban tocando los músicos. Se puso a bailar a medio patio, mostrando a todos su lindo traje, hecho con tanto trabajo.

Ya cuando andaba borrachito, se encogió en su casco, se hizo bolita y se echo a rodar la cuesta para llegar más pronto a su casa.

Características

Personajes: El esmerado armadillo, el tlacuache, la ahijada y los invitados.

Conflicto: El armadillo, con gran esfuerzo, teje un traje para una boda en donde alegremente lo luce.

Espacio: Casa del armadillo, la cuesta del camino y el lugar de la fiesta.

Tiempo: Lineal, aunque el tiempo real en el que trabaja el armadillo es muy dilatado.

El coyote y el tlacuache

Había una cueva y el tlacuache tenía las patas apoyadas sobre la pared. Llegó el coyote:

—¿Qué haces tlacuache?

—Nada, estoy atrancando el campo del cielo que va a hundirse y si se cae, nos tapa. Ves, amenazan hundirse to-das las cosas que hay en el mundo. Ayúdame para que no nos tape.

El coyote se tendió, teniendo las piernas hacia arriba.

—Haz fuerza, voy a traer un puntal. Haz fuerza y aprieta, voy a traer un puntal.

Entones el tlacuache se puso de pie y se fue. No regresó.

El coyote se desesperaba.

—¿Cuando volverá ése que fue a buscar un puntal?

Después de esperar mucho tiempo, se dio valor y saltó con violencia a un lado, escapando luego a todo correr. Cuando volvió la cara, vió que no había sucedido nada.

Características

Personajes: El tlacuache bromista y el coyote ingenuo.

Conflicto: El coyote recibe una broma de parte del tlacuache, quien lo engaña haciéndole creer que, si no detiene la pared de una cueva, se va hundir el mundo.

Espacio: Exterior de la cueva, que puede ser representada corporalmente por niños.

Tiempo: Lineal. No hay época.

LEYENDA

El conejo que quería visitar la luna

(Fincas Viejas, municipio de Tecpan de Galeana, Guerrero)

Había una vez un conejo enamorado de la Luna. Cada vez que la Luna aparecía, él la esperaba frente a su cueva y le decía:

—Amiga Luna, ¿por qué no bajas para llevarme contigo allá arriba?

—No puedo -contestaba la Luna. —Aunque tus intensiones son buenas.

El conejo se lo pedía tanto, que un día la Luna bajó donde el conejo iba todos los días a tomar agua. Cuando el conejo llegó a la orilla la miró y le dijo:

—Amiga Luna, ¿ahora sí me puedes llevar al cielo para estar contigo?

—¡Te llevaré! -contestó la Luna. —Pero si en el cielo te da miedo, te dejo caer.

—Está bien. Acepto.

Entonces, el animal se subió a la Luna. Es por eso que miramos al conejo que está con la luna en el cielo.

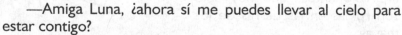

Características

Personajes: El conejo enamorado y la Luna bondadosa.

Conflicto: El conejo le pide a su amada Luna que se lo lleve con ella al cielo. Ella, después de tanta súplica, acepta.

Espacio: La cueva, la orilla de un lago y el cielo. En este caso, la iluminación es un factor muy importante para lograr la magnificencia de la Luna. Además, habría que resolver escénicamente la imagen del conejo en la Luna.

Tiempo: Siendo una narración lineal, es completamente atemporal y, con ello, podemos enriquecerla con toda la fantasía posible.

Los k´atés

(Yucatán)

Existen unos hombrecitos muy parecido a los aluxes, tanto que llegan a confundirse, aunque son menos conocidos: son los k´atés.

Dicen los viejos sabios que los k´atés son descendientes de la primera raza de habitantes del Mayab. Ellos construyeron los palacios y los monumentos impresionantes, que hoy sólo son ruinas en las tierras de los mayas.

Se cuenta que esos enormes edificios, que salpican aquí y allá en la península de Yucatán, fueron hechos en un abrir y cerrar de ojos por los k´atés, que con sólo soplar ordenaban las piedras en forma de pirámide, cuadrángulo, observatorio o juego de pelota.

Características

Personajes: Caracterizar varios hombrecitos k'atés (duendes). Todos deben ponerse de acuerdo para diseñar el vestuario y el maquillaje, y cada niño debe construir la personalidad de su propio k'até.

Conflicto: En este caso, sólo tenemos la referencia de lo que aportaron los k'atés a la cultura maya. Ahora, debemos idear un conflicto, para crear el argumento.

Espacio: Delimita la península de Yucatán, especialmente las ruinas arqueológicas. ¿Acaso serían las casas de los k'atés?

Tiempo: Leyenda que proviene de los primeros tiempos de la civilización maya.

Los duendes de las palomas

(Rumorosa, en Baja California Norte)

En el rancho Las Palomas, vivían Isabel y Rosa, dos niñas que se pasaban el día jugando, mientras don Honorio, su papá, cortaba troncos de madera; dentro, la mamá, que se llamaba Chona, preparaba el chocolate para la merienda.

De repente, como a las seis de la tarde, una lluvia de piedras empezó a caer por todos lados. Las niñas entraron corriendo en la casa mientras el señor se quedaba en el patio y se cubría la cabeza. Buscó por todos lados al que les hacía la

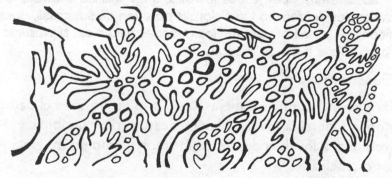

maldad y alcanzó a ver que, cerca de un árbol viejo, muchas manitas se movían rápidamente. Se acercó al árbol y en ese momento una piedra le pegó en un ojo, por lo que se metió gritando.

—Mira nomás, ya te dieron, ¿quién será el malora? –preguntó doña Chona.

—No mujer, nadie que tú te imagines, yo sólo vi unas manos chiquillas, eran como de duende... –respondió el señor.

—¡Ave María Purísima! Y ahora, ¿qué vamos a hacer? –dijo la señora espantada.

—Nada mujer, no podemos hacer nada– contestó resignado don Honorio. –Contra los duendes no se puede.

Las niñas escucharon con atención la plática de sus papás, con curiosidad miraron hacia afuera, pero no lograron ver ningún duende. En eso, las piedras dejaron de caer. Toda la familia salió al patio, que se encontraba totalmente cubierto de piedras, y los vecinos se acercaron para comentar el suceso.

—¿A qué se deberá tanta piedra? –preguntó una señora.

—Son duendes, vecina, son duendes, mi marido los vio, ¿verdad Honorio? –contestó Chona.

Mientras los mayores hablaban, las niñas se pusieron a recoger piedras, pero al llegar al viejo árbol, descubrieron un camino de huellas pequeñitas que se perdían en un hoyo al pie del tronco. Isabel y Rosa se asomaron, pues querían ver qué había. Al hacerlo, sintieron como si las jalaran hacia adentro, y al mismo tiempo se oyeron tantas risas, que corrieron espantadas.

Desde entonces, todos los días, a las seis de la tarde, los habitantes del rancho Las Palomas no salen de sus casas, pues dicen que es la hora en que los duendes hacen sus travesuras, como lanzar lluvia de piedras.

Características

Personajes: Las niñas Isabel y Rosa, don Honorio es el padre y doña Chona la madre. Hay que caracterizar también a los vecinos y a los duendes, estos últimos ¿cómo serán: graciosos o tenebrosos?

Conflicto: Una familia es sorprendida por la caída de piedras afuera de su casa, lo cual es travesura de los duendes. Los vecinos también se enteran y, y desde entonces, todos deciden resguardarse en casa después de las seis de la tarde.

Espacio: Varias casitas en el rancho Las Palomas, y el camino al viejo árbol.

Tiempo: Parece ser un relato actual. La acción se desarrolla a partir de las seis de la tarde.

Leyenda de los temblores

(Leyenda tradicional, versión de Antonio Ramírez Granados)

Por estas tierras se cuenta que, hace mucho tiempo, hubo una serpiente de colores, brillante y larga.

Era de cascabel, y para avanzar, arrastraba su cuerpo como una víbora cualquiera. Pero tenía algo que la hacía distinta a las demás: una cola de manantial, una cola de agua transparente.

Sssh sssh... la serpiente avanzaba. Ssssh sssh... la serpiente parecía un arcoiris juguetón, cuando sonaba su cola de maraca. Ssssh sssh...

Dicen los abuelos que donde quiera que pasaba dejaba algún bien, alguna alegría sobre la tierra.

Ssssh sssh... ahí iba por los montes y llanos, mojando todo lo que hallaba a su paso. Ssssh ssssh... ahí iba por montes y llanos, dándole de beber a los plantíos, a los árboles y a las flores silvestres, Sssh sssh... ahí iba por el mundo, mojando todo, regando todo, dándole de beber a todo lo que encontraba a su paso.

Hubo un día en el que los hombres pelearon por primera vez. Y la serpiente desapareció. Entonces hubo sequía en la tierra.

Hubo otro día en el que los hombres dejaron de pelear. Y la serpiente volvió a aparecer. Se acabó la sequía, volvió a florecer todo. Del corazón de la tierra salieron frutos y del corazón de los hombres brotaron cantos.

Pero todavía hubo otro día en el que los hombres armaron una discusión grande, que terminó en pelea. Esa pelea duró años y años. Fue entonces cuando la serpiente desapareció para siempre.

Cuenta la leyenda que no desapareció, sino que se fue a vivir al fondo de la tierra y que ahí sigue. Pero, de vez en cuando, sale y se asoma. Al mover su cuerpo sacude la tierra, abre grietas y asoma la cabeza. Como ve que los hombres siguen su pelea, sssh... ella se va. Ssssh sssh... ella regresa al fondo de la tierra. Ssssh sssh.... ella hace temblar... ella desaparece.

Características

Personajes: La serpiente bien puede ser formada por varios niños en fila tomados de la cintura, cubiertos por una tela grande de colores brillantes; recordemos que la cola tiene que sonar como cascabel. Los demás serán las mujeres y los hombres antiguos.

Conflicto: Una hermosa serpiente riega toda la vegetación con su cola de manantial. Cuando los hombres comienzan a pelear, ella desaparece causando sequías y, de vez en cuando, se asoma, por lo que se producen los temblores en la tierra.

Espacio: Montes, llanos y poblados mexicanos. Habría que dar la sensación de la grandeza y la belleza de la naturaleza.

Tiempo: Es una leyenda ubicada en los tiempos de nuestros antepasados, vistos con mucha imaginación. Sería interesante adaptarla a los hechos históricos anteriores a la Conquista, cuando las culturas prehispánicas luchaban por el poder.

ANÉCDOTA

Tiempo duro

(Fincas Viejas, municipio de Tecpan de Galeana, Guerrero)

Éstos eran un viejito y una viejita muy pobres, di'atiro pobres. No tenían dinero ni para comprar comida. Un día el viejito se fue a buscar trabajo y cuando regresó traía bastante dinero. Entonces le dijo a la viejita:

—Este dinero lo queremos pa´l tiempo duro. Y lo guardaron en el fondo de una petaquilla.

En eso estaba oyéndolos un chamaco ratero muy listo, y en cuanto el viejecito salió de la casa, el muchacho entró y le dijo a la viejecita:

—Yo soy Tiempo Duro y vengo por el dinero.

Cuando el esposo regresó, ya muy tranquilo pensando en su dinerito, le salen con que:

—Fíjate, viejo, que vino el Tiempo Duro ése, y se llevó todo el dinero, pos dijo que era de él.

Características

Personajes: El viejito, la viejita ingenua y el chamaco ratero.

Conflicto: Un muchacho ratero se aprovecha hábilmente de la ocasión para robarles el dinero a unos viejecitos, ya que engaña de manera muy fácil a la vieja.

Espacio: Una casita muy humilde con ventana y puerta. El exterior.

Tiempo: Bien puede ser un problema de nuestra época actual.

El hombre que no quería trabajar

(Mier y Noriega, Nuevo León)

Había una vez, en un rancho, un hombre llamado Chanito. Era un hombre flojo, flojísimo, y no quería trabajar. Los señores lo mantenían de gorra porque no hacía absolutamente nada. Un día de tantos, de plano se fastidiaron de mantenerlo y le dijeron:

—Chanito, ya no podemos seguir dándote tortilla. ¡Ponte a trabajar!

—No, trabajar no —contestó Chanito. —Mejor entiérrenme vivo.

Le tomaron la palabra. Lo metieron en un cajón y se lo llevaron pa´l panteón. En el camino se encontraron a un señor que venía de la labor y traía un burro con dos colotes de mazorcas.

—¿Pa´ónde van? —les preguntó.

—Pos vamos pa´l pantión, a enterrar a Chanito.

—¿Qué, ya se murió? —dijo el hombre sorprendido.

—No, hombre. Lo vamos a enterrar vivo porque no quiere trabajar y es muy flojo.

—¡Chanito! —gritó el hombre que venía de la labor.

—¡Qué, hombre! ¡Aquí voy! —contestó Chanito.

—Pero, Chanito, ¿cómo te van a enterrar vivo? Mira, hombre, aquí llevó un maíz. Tú dirás, te lo regalo pa que te alivianes unos cuantos días y puedas comer, pero que no te entierren vivo.

—¿Y ´ta desgranao? —preguntó Chanito.

—¡No! Pos ´ta en la mazorca.

—¡Ah, no! Entonces que siga mi entierro.

Características

Personajes: El flojo Chanito, el hombre trabajador, el burro y habitantes del pueblo.

Conflicto: Chanito no quiere trabajar y prefiere que los del pueblo lo entierren vivo.

Espacio: Un rancho en Nuevo León, con sus casas y con el camino al cementerio. Los niños hablarán como norteños.

Tiempo: Un relato muy actual.

El niño educado y el señor malcriado

(Yucatán)

Un día salieron un niño y su madre a comprar provisones al pueblo de Samahil. Al llegar al mercado, madre e hijo se separaron y cada uno fue a hacer lo suyo.

Ya tarde, casi todos los vendedores de telas, ollas, frutas y gallinas se retiraban después del trabajo, y el pequeño fue al lugar donde había quedado de ver a su madre.

En el trayecto el muchachito vio cómo a un señor se le cayó una bolsita de dinero mientras se subía a su carreta. Como el niño era muy honrado, corrió a recoger la bolsa y fue tras la carreta para devolverla. Mientras perseguía al vehículo, daba gritos para que el hombre aquel se detuviera.

—¡Señor, señor su bolsa! ¡Se le olvida su bolsa, se le ha caído!

El hombre, que era mal educado, al escuchar los gritos entre el ruido que producía la carreta, pensó que el niño le insultaba, y le respondió:

—¡A tu madre se le ha caido! —y siguió su camino.

El niño cansado de correr, al escuchar la respuesta del hombre, fue a encontrarse con su mamá y le entregó la bolsa con el dinero. Regresaron muy contentos a su casa.

Características

Personajes: La madre, el honrado hijo, el señor malcriado y los vendedores de mercancía. Entre todos deben elaborar plásticamente las distintas mercancías.

Conflicto: Un niño va con su madre al mercado, se separan y la madre es asaltada. Al malcriado se le cae la bolsa, la cual es recuperada inocentemente por el niño.

Espacio: El mercado del pueblo de Samahil, en Yucatán.

Tiempo: Habría que averiguar si todavía se usan en ese pueblo las carretas; sin embargo, siempre será muy actual el tema de los asaltos.

Uaykot

(Yucatán)

—Yo vi una vez un Uaykot.

Doña Luci nos contó que cuando Karlita era chiquita le tenía miedo a la oscuridad.

—Sentía que alguien me seguía, y cuando viraba a ver quién estaba atrás de mí, nada. Y en una de ésas que viro rápido y que lo veo desaparecer en la pared: era un pájaro de color negro y rojo. Desde eso, ya no me da miedo lo oscuro.

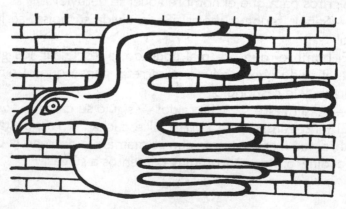

¡Hombre!, quien lo llega a ver y lo descubre deja de tener miedo a la oscuridad.

Características

Personajes: Doña Luci y los niños que están escuchando su anécdota.

Conflicto: Doña Luci explica cómo es que le dejo de dar miedo la oscuridad, al haber visto un pájaro que se llama Uaykot.

Espacio: No se especifica el espacio, bien podría ser el interior de la casa de doña Luci, un patio, la plaza, la escuela, el campo...

Tiempo: Podríamos distinguir dos tiempos: el real, que es el momento en el que doña Luci cuenta su anéctdota a un grupo de niños; y el de referencia, que es el tiempo pasado en el que le sucedió lo que está contando.

El resplandor

(Tierra de los Susurros, Veracruz)

Una noche pescábamos a media laguna, muy cerca de Alvarado; serían como las siete de la noche cuando vimos pasar una luz grandísima, larga como un rayo, pero no en el cielo sino sobre la tierra, era como una flecha de fuego sobre las palmeras.

A los pocos días volvió a salir, parecía como si se levantara de la orilla de la laguna y se fuera hacia el cielo. Era una luz juguetona, se hacía pequeñita y luego crecía hasta dejarlo a uno ciego de tanto brillo.

En la barca estábamos mi primo Israel y yo:

—¡Vámonos, si no, nos va a perder! —me dijo mi primo, pero yo me la quedé mirando y, ¡ay! esa luz lo fascina a uno, le dan ganas de seguirla.

—¡Te hablo, hombre! —me testereó Israel para que volviera en mí. Lo bueno es que él no la miraba, si no, los dos hubiéramos perdido el sentido, fascinados por la luz.

Características

Personajes: El muchacho que relata y su primo Israel.

Conflicto: Dos muchachos están pescando en la laguna, cuando surge una luz fascinante. Otro día, se repite la experiencia, y si no fuera por que uno de ellos no la miró, se hubieran perdido.

Espacio: En medio de una laguna, cerca de Alvarado. Palmeras y el cielo. Hay que diseñar una buena iluminación para que el público también reciba con fascinación al rayo de luz. Si no hay equipo, varios niños de amarillo pueden formar dicha luz.

Tiempo: Son momentos diferentes: a las siete de la noche, el primer día; el segundo, que sucede pocos días después, no se especifica, pero suponemos que es igualmente en la noche.

La llorona

(Sur de Jalisco)

Antes, cuando la gente creía en espantos, había una muchacha en el pueblo, hermana del que tiene la tienda en la esquina de la plaza, a la que se le ocurrió una maldad.

Una noche, por ahí de las doce, salió a la calle arrastrando una cadena. Como tenía un pecho bueno para gritar, echaba cada alarido que todos creyeron que era La Llorona. Pero era puro cuento... una travesura.

La gente se asustó tanto, que durante un mes nadie quería salir de noche, no fuera a ser que se encontraran con La Llorona.

Características

Personajes: La muchacha que imita a La Llorona, y la gente del pueblo. Hay que trabajar su expresión verbal para lograr buenos alaridos.

Conflicto: Una bromista muchacha, decide una noche espantar a la gente del pueblo haciéndose pasar por La Llorona, ocasionando que nadie quisiera salir a medianoche durante mucho tiempo.

Espacio: Un pueblo de Jalisco.

Tiempo: Sucede a medianoche.

MENTIRAS

Dos mentiras sonorenses

1. En el municipio de Altar todo es desierto, siempre hay sol y el paisaje está lleno de choyas y sahuaros. Las lluvias son escasas y el calor ¡ufff!, brincas o te desmayas de lo sofocante que es; cuando llueve, el agua cae tan fuerte que se forman charcos enormes y la gente está en las puertas de sus casas con sus cañas de pescar, porque apenas para de llover, corren a los charcos, de los cuales sacan unos peces enormes, que las señoras preparan en grandes charolas que tienen especialmente para la ocasión.

Características

Lo más interesante para trabajar son los efectos ambientales, que debemos resolver con los recursos que se encuentren a nuestro alcance. Debemos procurar mantener ese aspecto fantástico de los charcos enormes de la lluvia, en los cuales la gente pesca desde la puerta de sus casas. Hay que argumentar escenas y caracterizar personajes, esos peces enormes bien podrían ser los mismos niños.

2. ¡Uy! así como hace calor durante el día, por la noche el frío es terrible, tienes que echarte muchas cobijas para dormir a gusto. Pero bueno, a todo hay que buscarle sus cosas buenas, así que la gente de la comunidad llena muchas bolsas con agua durante el día, y cuando cae la noche, las deja afuera de sus casas. Ya en la mañana recoge las bolsas con el agua hecha hielo, mismo que les sirve para refrescarse todo el día.

Características

Esta escenificación también requiere soluciones de ambientación. Tenemos dos tiempo: el día caluroso y la noche terriblemente fría. Lo demás, lo del agua hecha hielo, es cuestión de utilería sencilla. También sería recomendable crear escenas y definir personajes.

La gallina de las mentiras

(Altos de Jalisco)

Que si me compra una gallina, que ayer tarde se me salió del huacal y agarró el camino real. Corriendo me fui tras ella, ya no la pude alcanzar. Corrió pa´ entre los magueyes y en un bosque de magueyes se peleó con unos bueyes, a toditos los picoteó.

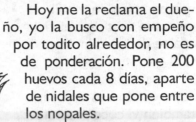

Hoy me la reclama el dueño, yo la busco con empeño por todito alrededor, no es de ponderación. Pone 200 huevos cada 8 días, aparte de nidales que pone entre los nopales.

Se fue para Los Robles, se comió 8 puercos gordos, la purita manteca. Ahora todos los de Lagos lo anduvieron platicando: "que la vieron ir pasando con un coyote en el pico, que de la panza lo llevaba, que nomás abría el hocico".

Características

Obviamente los personajes son: el cuidador (narrador), la gallina, el dueño, los bueyes, los 8 puercos gordos, el coyote y los habitantes de Lagos. Pero ¿qué tal si los magueyes y los nopales también son seres animados por los niños? Tenemos varios escenarios, que pueden ser solamente sugeridos con elementos sencillos, para no complicar la escenificación.

Canción de los animales

(Sinaloa)

Éstos son los animales,
yo los vi tejer huacales
bien retejiditos de hilacha,
dos palomitas tencuachas
pelándome tantos dientes,
se los vi tan relucientes

que parecían de marfil
les conté más de tres mil,
aparte de los colmillos.

Vi tres pericos amarillos
apedreando dos coyotes,
también vi cocer camotes
a una triste cucaracha.

También vi coger el hacha
a un güico sin distinción,
también vi a una abejón
por las calles correteando.

Vi un chapulín arando
unciendo dos jabalines,
vi un sapo con botines
para montar a caballo.

También vi pelear un gallo
con un torito barcino,

también vi tomar vino
a un grillito en la taberna.

Vi una linda mancuerna
con un changuito y un faisán,
también vi un alacrán
disparando una escopeta.

También vi una borrega prieta
en su silla bien sentada,
vi una urraca peinada
con su pelo bien partido.

Vi un cangrejo dormido
estirado largo a largo,
vi un aura con faldillas
que al andar se desespera,
vi una liebre matrera
corriendo ladera arriba.

Características

Tenemos muchísimos personajes de animales para trabajar. En este caso, es más atractiva la caracterización de cada animal con el vestuario, maquillaje o máscara, expresión corporal y verbal. Para resaltar esto, un espacio vacío será suficiente, ya que con la actuación podemos construir una escenificación muy completa.

TRABALENGUAS
La parra y la perra

Guerra tenía una parra, Parra tenía una perra.
La perra de Parra mordió a la parra de Guerra.
Guerra le pegó con la porra a la perra de Parra.
Diga usted, señor Guerra,
¿por qué pegó con la porra a la perra?

Porque si la perra de Parra
no hubiera mordido a la parra de Guerra,
Guerra no hubiera pegado con la porra a la perra.

Características

Personajes: Guerra, Parra y la perra. Un niño puede animar a la parra.

Conflicto: La perra de Parra muerde a la parra de Guerra, y éste le da un porrazo con la parra a la perra.

Espacio y tiempo: Tenemos la libertad de adaptar cualquier lugar y tiempo.

Tengo un tío

Tengo un tío en Berlín y en Berlaó, en Jarapito y en Jarapitaó,
y ese tío que tengo en Berlín y en Berlaó, en Jarapito y en Jarapitaó,
me ha dicho que no me envilde ni me envolde
ni me enjarapite ni me enjarapitolde.

Características

Personajes: El sobrino y el tío consejero.

Conflicto: El tío le da consejos a su sobrino. Hay que entender el sentido de las palabras para construir un argumento con escenas.

Espacio y tiempo: El tío está en varios lugares. Hay libertad de tiempos.

Don Pedro Pío Pita Pizarro

Don Pedro Pío Pita Pizarro, procurador de pintas pobres,
parientes y periodistas por la provincia de Pontevedra,
pinta paisajes por poco precio,

con pinceles de pelo de punta de pinta de perro pachón o perdiguero.

Características

Personajes: El baratero pintor don Pedro Pío Pita Pizarro.

Conflicto: Un pintor pinta paisajes y los vende baratos a gente de Pontevedra.

Espacio: Provincia de Pontevedra y sus paisajes.

Tiempo: Tenemos libertad de adaptación a cualquier época.

Tú puedes, Pepe

Puedes, Pepe, pedir perfectamente
por pura precisión pelo prestado,
pudiendo presumido por peinado
ponerte perifollos propiamente.
Para pedir pardiez precisamente
parécesme, Pepín, predestinado.
Pero para pagar, pobre helado
precisa perdonar pacientemente.

Características

Personajes: Pepe, de quien nos preguntamos: ¿es calvo?, ¿o sólo necesita dinero prestado?

Conflicto: Necesitamos comprender bien cada palabra y cada frase, para organizar nuestra propia interpretación y establecer un conflicto.

Espacio y tiempo: Libres, porque no se especifican.

La vaca y sus hijitos

Una vaca peda, meda, chupeteada, sorda y ciega:
si la vaca no fuera peda, meda, chupeteada, sorda y ciega,
no tuviera hijitos pedos, medos, chupeteados, sordos y ciegos.

Características

Personajes: Una vaca rara y sus hijos iguales a ella. Debemos esmerarnos en su caracterización.

Conflicto: Una vaca defectuosa tiene hijos iguales a ella. Hay que crear escenas.

Espacio y tiempo: No se señalan, así que tenemos libertad de adapatación.

Los moros

Había una vez un mero moro
enamorado de una mera mora,
pero la mera mora
le dijo al mero moro:
—Yo de ti no me enamoro
por ser tan maromero.

Características

Personajes: Un moro enamorado y una mora indiferente.

Conflicto: El moro le declara su amor a la mora, quien lo rechaza.

Espacio y tiempo: Tenemos la libertad de adaptar cualquier lugar y tiempo.

Más... para trabar...

Paco, Peco, chico vico
insultaba como un loco
a su tío Federico,
y éste dijo –Poco a poco,
Paco Peco, poco pico.

•

Desavecindado vengo
de la villa de Alcorón,
y en la faltriquera traigo
la desavecindación.

•

Chango chino chiflado,
que chiflas a tu china changa,
ya no chifles a tu china changa
chango chino chiflado.

•

Doña Pura que era impura
es ahora purita pureza,
está puramente purificada
y ya poco le importa la impureza.

•

La institutriz Miss Trestós
salió dando tres traspiés
del tranvía treinta y dos,
por subir al treinta y tres.

Por la calle de carretas
pasaba un perrito;
pasó una carreta, le pilló el rabito.
Pobre perrito,
cómo lloraba por su rabito.

•

Manuel Micho por capricho
mecha la carne de macho
y ayer decía un muchacho:
mucho macho mecha Micho.

•

De Guadalajara vengo,
jaras traigo, jaras vendo,
a medio doy cada jara.
Qué jaras tan caras vendo.

•

El perro de san Roque
no tiene rabo,
porque Ramón Ramirez
se lo ha robado.

•

El cura de Alcañiz,
a las narices llama nariz,
y el cura de Alcañices,
a la nariz llama narices.

Características

Además de que nos sirven para practicar la articulación verbal, con ellos podemos escenificar dramatizaciones. En las primeras selecciones de trabalenguas estudiamos sus características, uno por uno. Ahora, con cada trabalenguas de esta página podemos definir los elementos (personajes, conflicto, espacio y tiempo) con los que hemos venido trabajando. Los seleccionamos porque hablan de personas o animales que realizan algo o que les sucede algo.

Sería interesante que los niños comenzaran por hacer un dibujo o una escultura en plastilina sobre lo que entienden de cada trabalenguas, para que basados en imágenes definan los elementos dramáticos.

VERSOS Y COPLAS

A continuación, presentamos una selección de versos y coplas de diversos rincones de la república mexicana. Hasta el final de ellas se encontrarán sus características generales desde el punto de vista del teatro infantil; resultaría complicado definir características una por una, por que son muchas y, básicamente, ya comprendimos el proceso con las anteriores selecciones de juegos y narraciones.

Coplas de animales

Se hacen chiquitos,
se hacen grandotes;
hacen la rueda
los guajolotes.

•

Volaron las amarillas
calandrias de los nopales;
Ahora cantarán alegres
los pájaros cardenales.
Andaba la chacala
por las orillas del monte,
andaba de enamorada
con el pájaro zinzontle.

•

Cuando las palomitas
bajan al agua,

todas juntan sus piquitos
y tienden el ala.

·

Si buscaras al tejón,
búscalo por los arroyos:
no lo busques en las casas,
que no es gallina con pollos.

·

Estaba la guacamaya
parada en un carrizuelo,
sacudiéndose las alas
para levantar el vuelo.

Coplas de trabajos

Capulinero, señora,
que cada año vengo aquí;
vengo de tierras lejanas,
desde San Luis Potosí.

·

Solito vengo, señora,
con mi carga de pitayas;
traigo de todos colores,
cómprenme antes de que
me vaya.

·

Vengo del Alto, señores,
de la tierra michoacana,
les vengo entonando sones
al compás de mi jarana.

De todo un poco

(incluidas las de amor)
Qué bonitos ojos tienes,
redonditos como el Sol,

se parecen a los ceros
que me puso el profesor.

•

Del cielo cayó un perico
con una flor en el pico:
y sólo sé que te quiero
y a nadie se lo platico.

•

Bajo la cama del tío Simón
hay un perrito
que toca el tambor;
dale que dale con el bastón,
hasta que salga
la procesión.

Las muchachas de hoy en día
son como el café molido,
no saben guisar un huevo
y quieren tener marido.

•

Soy cojo de un pie y
manco de una mano,
tengo un ojo tuerto
y el otro apagado.

•

Carita de requesón,
narices de mantequilla,
ahí te mando mi corazón
envuelto en una tortilla.

•

Meciéndome en un columpio
se me soltó la reata,
tan a gusto que caí
en los brazos de mi chata.

•

Al pasar por tu casa
me diste con un limón,
el zumo me dio en la cara
y el golpe en el corazón.

•

En las ramas de un café
estaba sentado un pato.
Si porque me encuentro flaco
ya no me conoce usted,
yo soy aquel mismo gato,
nomás que me revolqué.

•

Las muchachas de hoy en día
son como el pan y el queso,
pintaditas de la cara
y chorreadas del pescuezo.

•

Al subir una montaña
me encontré con una araña;
la agarré de la pestaña
y se me escapó.
agarrando su sombrero
y viendo por dónde arranca.

Características

Versos y coplas nos ayudarán, dentro de la dramatización infantil, a desarrollar varios aspectos como:

- La correcta articulación al pronunciar las palabras.
- La buena entonación al expresar los versos, comprendidos de antemano.
- La práctica de la memorización.
- La expresión corporal, aunada a la expresión verbal, al interpretarlos dramáticamente a modo de ejercicios.

- La creación de una puesta en escena, ya sea sirviéndonos de los versos como están escritos, o de la creación de argumentos y diálogos para su representación.

REFRANES
Unos de animales

(Sur de Jalisco)

Más vale pájaro en mano
que un ciento volando.

Camarón que se duerme
se lo lleva la corriente.

Al ojo del amo
engorda el caballo.

El que con lobos anda
a aullar se enseña.

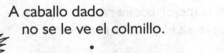

A caballo dado
no se le ve el colmillo.

Tanto peca el que mata la vaca
como el que le detiene la
pata.

Al mejor cazador
se le va la liebre.

La zorra nunca se ve la cola y,
cuando se la ve, se echa a correr

Otros tantos, de todos lados

El que come y no convida
tiene un sapo en la barriga.

•

El burrito de San Vicente
siempre se nombra por enfrente.

•

El que quita lo que presta
le llega el diablo cuando se acuesta.

•

El que siembra su maíz
que se coma su pinole.

•

La subida más alta
es la caída más lastimosa.

•

De músico, poeta y loco,
todos tenemos un poco.

•

A casa vieja
nunca le faltan goteras.

•

A la mejor cocinera
se le va el tomate entero.

•

Al que nace pa´tamal,
del cielo le caen hojas.

•

El que es buen gallo
en cualquier gallinero canta.

•

Eres como los frijoles,
que al primer hervor se arrugan.

•

Lo que corre y vuela
a la cazuela.

A cada capillita
le llega su fiestecita.

•

Vale más una vez colorada
que cien descoloridas.

•

Dios manda el frío
según la cobija.

•

En el modo de partir el pan,
se conoce a quien tiene hambre.

•

Al nopal lo van a ver
sólo cuando tiene tunas.

•

Ropa limpia no necesita jabón.

•

¡El burro hablando de orejas!

•

El que mucho se despide
pocas ganas tiene de irse.

•

Te conozco mosco
aunque te vistas colorado.

•

Aunque la mona se vista
de seda,
mona se queda.

•

Se pone el huarache
antes de espinarse.

•

Del árbol caído,
todos hacen leña.

•

El sordo no oye,
pero compone.

Qué más quiere el sapo,
que lo echen al agua.

•

Uno corre tras la liebre
y otro sin correr la alcanza.

•

La zorra adormecida
no coge gallina.

•

Perro que no anda
no topa hueso.

•

No todos los que chiflan
son arrieros.

•

Un solo golpe
no derriba el roble.

•

Con la vara que mides,
serás medido.

•

Tras la tempestad,
viene la calma.

•

El que temprano se moja,
tiene tiempo se secarse.

•

Entre casados y parientes,
no hay que meter los dientes.

•

El valiente dura
mientras el cobarde quiere.

•

En lo poco se ve lo mucho.

•

Cada loco con su tema.

•

Características

Los refranes nos ayudarán, dentro de la dramatización infantil, a desarrollar varios aspectos como:

- La imitación (que, como ya vimos, se realizan imitando corporalmente las acciones).
- La correcta articulación al pronunciar las palabras.
- La buena entonación al expresar las frases, comprendidas de antemano.
- La práctica de la memorización.
- La expresión corporal, aunada a la expresión verbal, al interpretarlos dramáticamente a modo de ejercicios.
- La creación de una puesta en escena, ya sea sirviéndonos de los refranes como están escritos, o de la creación de argumentos y diálogos para su representación.

ADIVINANZAS

La selección de adivinanzas, para establecer las características dramáticas, es la siguiente:

Tito, Tito, capotito,
sube al cielo y pega un grito.
        (el cohete)

Sin cabeza y con cabellos,
sin boca pero con dientes.
        (el elote)

Primero me adornas mucho,
después me matas a palos.
        (la piñata)

Lana sube,
lana baja.
                (la navaja)

Cal, pero no de blanquear,
son, pero no de bailar.
                (el calzón)

Se sube sin escalera
y espanta a la cocinera.
                (la leche)

Botón sobre botón,
botón de fina grana,
a que no me lo adivinas
ni hoy ni mañana.
                (la piña)

Blanca como la nieve,
negra como la ves,
habla y no tiene boca,
anda y no tiene pies.
                (la carta)

Por la casa me paseo
de la sala a la cocina
meneando la cola,
como una gallina.
                (la escoba)

Sentadita en un embudo
muy peinadita, muy güera,
es toda risa por dentro,
faldas ceñidas por fuera.
                (la mazorca)

Soy un señor encumbrado
ando mejor que el reloj,
me levantó muy temprano
y me acuesto a la oración.

(el Sol)

¿Quién es aquél que anda
de mañana a cuatro pies,
a mediodía en dos
y por la tarde en tres?

(el hombre)

Jito pasó por aquí,
Mate le dio la razón;
el que no me lo adivine
se le parte el corazón.

(el jitomate)

Un convento muy cerrado,
sin campanas y sin torres,
tiene monjitas adentro
haciendo dulces flores.

(la colmena)

Para bailar me pongo la capa.
Para bailar me la vuelvo a quitar,
porque no puedo bailar con la capa
y sin la capa no puedo bailar.

(el trompo)

Adivina, adivinanza,
¿qué tiene el rey en la panza?

(el ombligo)

Tripas de palo,
calzón colorado.

(la ciruela)

¿Cuántas mujeres
caben en un huevo?
(Clara y Emma)

Oro no es, plata no es,
quítale el ropón y verás lo
qué es.
(el plátano)

Colorín, colorado,
chiquito, pero bravo.
(el chile)

Traca que traca
tras la petaca.
(el ratón)

Una culebrita
inquieta y pelada,
que llueva o no llueva,
siempre está mojada.
(la lengua)

Fui a la tienda
y compré negritos,
llegué a mi casa
y se volvieron coloraditos.
(el carbón)

Tengo vestido muy blanco,
dos remos para nadar,
y parezco buquecito
que navega sobre el mar.
(el pato)

Soy amiga de la Luna,
soy enemiga del Sol;
si viene la luz del día
alzo mi luz y me voy.

          (la luciérnaga)

Agüita salada
que hasta la reina,
si tiene penas,
lleva en los ojos.

          (las lágrimas)

Vence al tigre, vence al león,
vence al toro embravecido,
vence a señores y reyes,
que caen a sus pies vencidos.

          (el sueño)

Fui al monte,
encontré una niñita,
le alce la nagüita
y le mordí la nalguita.

          (la jícama)

Un niñito blanco,
cabecita roja,
si lo rascan grita
y después se enoja.

          (el cerillo)

Soy un gracioso techito
que camina junto a ti;
cuando no es tiempo de lluvias,
nadie se acuerda de mí.

          (el paraguas)

Características

Las adivinanzas nos ayudarán, dentro de la dramatización infantil, a desarrollar varios aspectos como:

- La imitación (que, como ya vimos, se realizan imitando corporalmente las acciones, objetos y personajes).
- La correcta articulación al pronunciar las palabras.
- La buena entonación al expresar las frases, comprendidas de antemano.
- La práctica de la memorización.
- La expresión corporal, aunada a la expresión verbal, al interpretarlos dramáticamente como ejercicios.
- La creación de una puesta en escena, ya sea sirviéndonos de las adivinanzas como están escritas, o de la creación de argumentos y diálogos para su representación.

Bibliografía

Antón, Eustaquia y Rocío Romera, *Actividades en educación infantil*, Madrid, Escuela Española, 1997, 159 pp.

¿A qué jugamos?, México, Consejo Nacional de Fomento Educativo, 1999, 111 pp. (Serie Literatura Infantil.)

Así cuentan y juegan en el sur de Jalisco, México, Consejo Nacional de Fomento Educativo, 1998, 95 pp. (Serie Literatura Infantil.)

Así cuentan y juegan en la Huasteca, México, Consejo Nacional de Fomento Educativo, 1996, 126 pp. (Serie Literatura Infantil.)

Así cuentan y juegan en la tierra del venado, México, Consejo Nacional de Fomento Educativo, 1998, 63 pp. (Serie Literatura Infantil.)

Así cuentan y juegan en los altos de Jalisco, México, Consejo Nacional de Fomento Educativo, 1998, 111 pp. (Serie Literatura Infantil.)

Bronstein, Raquel, *Juguemos con la música* (manual del conductor). México, Trillas, 1999, 107 pp.

Cervera, Juan, *La dramatización en la escuela*, Madrid, Bruño, 1996, 205 pp.

Cañas Torregrosa, José, *Didáctica de la expresión dramática*, Barcelona, Octaedro, 1992, 306 pp.

Circo, maroma y brinco, México, Consejo Nacional de Fomento Educativo, 1997, 87 pp. (Serie Guías de Orientación y Trabajo, no. 4.)

Cosecha de versos y refranes, México, Consejo Nacional de Fomento Educativo, 1997, 31 pp. (Serie Literatura Infantil.)

Costal de versos y cuentos, México, Consejo Nacional de Fomento Educativo, 2000, 127 pp. (Serie Literatura Infantil.)

Cuántos cuentos cuentan..., México, Consejo Nacional de Fomento Educativo, 1993, 127 pp. (Serie Literatura Infantil.)

Cuéntanos los que se cuenta, México, Consejo Nacional de Fomento Educativo, 1997, 102 pp. (Serie Literatura Infantil.)

Eines, Jorge, y Alfredo Mantovani, *Didáctica de la dramatización*, Barcelona, Gedisa, 1997, 202 pp.

Especialización del profesorado en educación infantil, Madrid, Ma. Paz Lebrero Baena (directora), Módulo III, Universidad Nacional de Educación a Distancia, 1999, 949 pp.

González de Díaz Araujo, Graciela, *Teatro, adolescencia y escuela (fundamentos y práctica docente)*, Buenos Aires, Aique, 1998.

Heining, Ruth, *Creative Dramatics For the Classroom Teacher*. Estados Unidos, Prentice-Hall, 1974, 285 pp.

Herans, Carlos, y Enrique Patiño, *Teatro y escuela*, Barcelona, Lara, 1983, 155 pp.

Jiménez Ortega, José, e Isabel Jiménez de la Calle, *Psicomotricidad (teoría y programación)*, Madrid, Escuela Española, 1997, 159 pp.

Laferriére, Georges, *La pedagogía puesta en escena*, España, Ñaque, 1997, 173 pp.

Meis Arteaga, Juana, *Muñecos con vida (guía para maestros)*, México, Universidad Autónoma del Estado de México, 1997, 140 pp.

Mendoza, Vicente T., *Lírica infantil de México*, México, Fondo de Cultura Económica, 1995, 188 pp. (Serie Letras Mexicanas.)

Murray P., Guillermo, *Los títeres (una guía práctica)*, México, Árbol, 1994, 244 pp.

— *Títeres al instante (preescolar, primaria y secundaria)*, México, Árbol, 1994, 194 pp.

Un navío, vío cargado de..., México, Secretaría de Educación Pública, 1987, 169 pp.(Tiempo de Niños.)

¡Qué me siga la tambora!, México, Consejo Nacional de Fomento Educativo, 1997, 63 pp. (Serie Literatura Infantil.)

La Quisicosa (Adivinanzas tradicionales para niños), México, Cidcli, 1985, 95 pp.

Renoult, Noëlle, y Corine Vialaret, *Dramatización infantil (expresarse a través del teatro)*, Madrid, Narcea, 1994, 126 pp.

La Rumorosa y los aparecidos, México, Consejo Nacional de Fomento Educativo, 1998, 31 pp. (Serie Literatura Infantil.)

Sastrías, Martha, *El uso del folklore para motivar a los niños a leer y escribir*, México, Pax, 1998, 234 pp.

Secretaría de Educación Pública, *Plan de actividades culturales de apoyo a la educación primaria*, módulo de teatro, selección de Juan Jiménez Izquierdo, México, Secretaría de Educación Pública, 1987, 206 pp.

Sotres Pierres, Gabriel, *La actividad teatral escolar*, México, Enigma, 1964.

Tejerina, Isabel, *Dramatización y teatro infantil (dimensiones psicopedagógicas y expresivas)*, México, Siglo XXI, 1996, 347 pp.

¿Te lo cuento otra vez...?, México, Consejo Nacional de Fomento Educativo, 2000, 47 pp. (Serie Guías de Orientación y trabajo, núm. 1.)

La tierra de los susurros, México, Consejo Nacional de Fomento Educativo, 1997, 63 pp. (Serie Literatura Infantil.)